BestMasters

Mit „**BestMasters**" zeichnet Springer die besten Masterarbeiten aus, die an renommierten Hochschulen in Deutschland, Österreich und der Schweiz entstanden sind. Die mit Höchstnote ausgezeichneten Arbeiten wurden durch Gutachter zur Veröffentlichung empfohlen und behandeln aktuelle Themen aus unterschiedlichen Fachgebieten der Naturwissenschaften, Psychologie, Technik und Wirtschaftswissenschaften. Die Reihe wendet sich an Praktiker und Wissenschaftler gleichermaßen und soll insbesondere auch Nachwuchswissenschaftlern Orientierung geben.

Springer awards "**BestMasters**" to the best master's theses which have been completed at renowned Universities in Germany, Austria, and Switzerland. The studies received highest marks and were recommended for publication by supervisors. They address current issues from various fields of research in natural sciences, psychology, technology, and economics. The series addresses practitioners as well as scientists and, in particular, offers guidance for early stage researchers.

Zita Klinger

Predictive Analytics im Controlling

Eine Untersuchung zur Anwendung in der Unternehmenspraxis

Zita Klinger
Wirtschaft & Management
IU – Internationale Hochschule
Bad Honnef, Deutschland

ISSN 2625-3577　　　　　　ISSN 2625-3615　(electronic)
BestMasters
ISBN 978-3-658-47145-3　　　ISBN 978-3-658-47146-0　(eBook)
https://doi.org/10.1007/978-3-658-47146-0

Die Deutsche Nationalbibliothek verzeichnet diese Publikation in der Deutschen Nationalbibliografie; detaillierte bibliografische Daten sind im Internet über https://portal.dnb.de abrufbar.

© Der/die Herausgeber bzw. der/die Autor(en), exklusiv lizenziert an Springer Fachmedien Wiesbaden GmbH, ein Teil von Springer Nature 2025

Das Werk einschließlich aller seiner Teile ist urheberrechtlich geschützt. Jede Verwertung, die nicht ausdrücklich vom Urheberrechtsgesetz zugelassen ist, bedarf der vorherigen Zustimmung des Verlags. Das gilt insbesondere für Vervielfältigungen, Bearbeitungen, Übersetzungen, Mikroverfilmungen und die Einspeicherung und Verarbeitung in elektronischen Systemen.
Die Wiedergabe von allgemein beschreibenden Bezeichnungen, Marken, Unternehmensnamen etc. in diesem Werk bedeutet nicht, dass diese frei durch jede Person benutzt werden dürfen. Die Berechtigung zur Benutzung unterliegt, auch ohne gesonderten Hinweis hierzu, den Regeln des Markenrechts. Die Rechte des/der jeweiligen Zeicheninhaber*in sind zu beachten.
Der Verlag, die Autor*innen und die Herausgeber*innen gehen davon aus, dass die Angaben und Informationen in diesem Werk zum Zeitpunkt der Veröffentlichung vollständig und korrekt sind. Weder der Verlag noch die Autor*innen oder die Herausgeber*innen übernehmen, ausdrücklich oder implizit, Gewähr für den Inhalt des Werkes, etwaige Fehler oder Äußerungen. Der Verlag bleibt im Hinblick auf geografische Zuordnungen und Gebietsbezeichnungen in veröffentlichten Karten und Institutionsadressen neutral.

Planung/Lektorat: Karina Kowatsch
Springer Gabler ist ein Imprint der eingetragenen Gesellschaft Springer Fachmedien Wiesbaden GmbH und ist ein Teil von Springer Nature.
Die Anschrift der Gesellschaft ist: Abraham-Lincoln-Str. 46, 65189 Wiesbaden, Germany

Wenn Sie dieses Produkt entsorgen, geben Sie das Papier bitte zum Recycling.

Zusammenfassung

Das Ziel der vorliegenden Arbeit ist zum einen herauszuarbeiten, inwieweit Predictive Analytics (PA) im Controlling zur Forecast Erstellung genutzt wird und zum anderen eine Handlungsempfehlung für die Implementierung eines PA Forecasts abzuleiten. Um diese Zielsetzungen erfüllen zu können, wurde zum einen eine Literaturrecherche durchgeführt und zum anderen eine empirische Untersuchung, die mittels eines Online-Fragebogens, an die Controlling Abteilungen von Unternehmen gerichtet war. Die Ergebnisse der empirischen Untersuchung deuten darauf hin, dass PA bisher bei eher wenigen Unternehmen eingesetzt wird. Als Gründe hierfür wurden insbesondere „Know-how in Bezug auf PA muss aufgebaut werden" und „Hoher Aufwand für die Implementierung in Bezug auf Zeit und Kosten", von den Unternehmen angegeben. Die empirische Untersuchung und die Literaturrecherche haben ergeben, dass bei der Einführung eines PA Forecasts ein individuelles Vorgehen je Unternehmen erforderlich ist. Es können zwar die erforderlichen Prozessschritte und Best-Practice als Handlungsempfehlung definiert werden, allerdings ist bspw. die Auswahl der Position, für die der PA Forecast erstellt werden soll, von verschiedenen Faktoren abhängig, die von Unternehmen zu Unternehmen individuell geprüft werden müssen. Insgesamt hat sich gezeigt, dass in der Regel durch den Einsatz von PA der Vorhersageprozess beschleunigt sowie die Vorhersagegenauigkeit erhöht werden kann. Die dadurch generierten Wettbewerbsvorteile für das jeweilige Unternehmen überwiegen in der Regel den erforderlichen Aufwand.

Schlüsselwörter: Predictive Analytics · Controlling · Forecast · Daten · Künstliche Intelligenz

The aim of the following thesis is to show to what extent Predictive Analytics (PA) is used in Controlling to create Forecasts and to derive a recommendation how to implement a PA Forecast. To achieve these goals the thesis is based on a literature research and an empirical study which was conducted as an online questionnaire with controlling departments. The empirical study indicates that PA is used only to a smaller degree in companies. "PA Know-how has to been built" and "High effort for the implementation related to time and costs" were named as main reasons by the consulted companies. The empirical study and the literature research show that an individual approach per company is necessary for the implementation of a PA Forecast. It is possible to define the necessary process steps and Best-Practice as a recommendation, but e.g. the choice of the position for which the PA Forecast should be created depends on several factors, which should be individually verified from company to company. Overall it is normally possible to accelerate the forecast process with PA and to improve the forecast accuracy. Thereby generated competitive advantages are normally prevail the necessary effort.

Keywords: Predictive Analytics · Controlling · Forecast · Data · Artificial Intelligence

Inhaltsverzeichnis

1	**Einleitung**	1
1.1	Problemstellung	1
1.2	Zielsetzung und Forschungsfragen	3
1.3	Aufbau der Arbeit	5
2	**Grundlagen des Controllings und der Predictive Analytics**	7
2.1	Grundlagen des Controllings	7
	2.1.1 Historische Entwicklung und Controlling-Konzeptionen	8
	2.1.2 Die Rolle des Controllings im Unternehmen	12
	2.1.3 Aktuelle Themen im Controlling	21
2.2	Predictive Analytics	28
	2.2.1 Theoretische Grundlagen	28
	2.2.2 Implementierung eines Predictive Analytics-Modell	33
	2.2.3 Einordnung und Abgrenzung zu Business Intelligence	35
2.3	Zusammenspiel von Controlling und Predictive Analytics	40
	2.3.1 Aktueller Stand der Forschung	40
	2.3.2 Beispiele aus der Praxis	46
3	**Forschungsmethodik**	51
3.1	Erhebungsmethode, Zielsetzung und Zielgruppe	51
3.2	Herleitung und Aufbau des Fragebogens	53
3.3	Datenanalyse	55

4	Empirische Untersuchung zum Einsatz von Predictive Analytics in der Praxis	57
	4.1 Ergebnisse der empirischen Untersuchung	57
	4.1.1 Teilnehmer der empirischen Untersuchung	58
	4.1.2 Status quo	60
	4.1.3 Gründe gegen die Nutzung von Predictive Analytics	64
	4.1.4 Nutzung von Predictive Analytics	68
	4.2 Interpretation und kritische Würdigung der empirischen Untersuchung	86
	4.2.1 Interpretation der Ergebnisse	86
	4.2.2 Schlussfolgerung und Handlungsempfehlung	94
	4.2.3 Methodenkritik	100
5	Fazit und Ausblick	105
	5.1 Zusammenfassung der Ergebnisse	105
	5.2 Ausblick	109
Literaturverzeichnis		111

Abkürzungsverzeichnis

Abb.	Abbildung
ARIMA	Autoregressive Integrated Moving Average
ARMA	Autoregressive Moving Average
AWS	Amazon Web Services
BARC	Business Application Research Center
BI	Business Intelligence
CRISP-DM	Cross Industry Standard Process for Data Mining
DIN-SPEC	Deutsches Institut für Normung – Spezifikation
EBIT	Earnings Before Interests and Taxes
EBITDA	Earnings Before Interests, Taxes, Depreciation and Amortization
GuV	Gewinn- und Verlustrechnung
ICV	Internationaler Controller Verein
IGC	International Group of Controller
IT	Information Technology
Kap.	Kapitel
KI	Künstliche Intelligenz
KMU	Kleine und mittlere Unternehmen
KPI	Key Performance Indicator
MAE	Mean Absolute Error
MAD	Mean Absolute Deviation Error
MAPE	Mean Absolute Percentage Error
MSE	Mean Squared Error
Opex	Operational Expenditures
PA	Predictive Analytics

RPA	Robot Process Automation
SARIMA	Seasonal Autoregressive Integrated Moving Average
SPSS	Statistical Package for Social Sciences
Tab.	Tabelle
VUCA	Volatility, Uncertainty, Complexity, Ambiguity
WAPE	Weighted Average Percentage Error
WMAPE	Weighted Mean Absolute Percentage Error

Abbildungsverzeichnis

Abbildung 2.1	Zusammenspiel von Management und Controller	13
Abbildung 2.2	Das IGC Controlling-Prozessmodell 2.0	15
Abbildung 2.3	Kategorisierung der Predictive Analytics Methoden	32
Abbildung 2.4	CRISP-DM Prozessmodell	35
Abbildung 2.5	Ausprägungen von Business Analytics	37
Abbildung 2.6	Projektphasen für Predictive Sales Forecast bei Siemens	48
Abbildung 4.1	Teilnehmer der Umfrage anhand der Unternehmensgröße (Jahresumsatz)	59
Abbildung 4.2	Einsatz von Predictive Analytics	61
Abbildung 4.3	Zusammenhang zwischen dem Einsatz von PA und der Unternehmensgröße (Jahresumsatz)	62
Abbildung 4.4	Gründe gegen den Einsatz von PA	65
Abbildung 4.5	Gründe gegen den Einsatz von PA in Zusammenhang mit der Unternehmensgröße (Mitarbeiterzahl)	66
Abbildung 4.6	Gründe gegen den Einsatz von PA in Zusammenhang mit der Unternehmensgröße (Jahresumsatz)	67
Abbildung 4.7	Gründe für die Auswahl der Positionen	70
Abbildung 4.8	Forecast Verantwortlichkeit	71
Abbildung 4.9	Berücksichtigung von Daten	74
Abbildung 4.10	Berücksichtigung von Daten anhand der Top 3 Positionen	76
Abbildung 4.11	Forecast Zeitraum	77
Abbildung 4.12	Einsatz des Fehlermaßes	79

Abbildung 4.13	Vorteile durch den Einsatz von PA	80
Abbildung 4.14	Nutzung des PA Forecasts	81
Abbildung 4.15	Budget für die Implementierung	82
Abbildung 4.16	Beteiligung der Bereiche an der Implementierung	83
Abbildung 4.17	Herausforderungen während der Implementierung	84
Abbildung 4.18	Vorgehen bei der Implementierung	84
Abbildung 4.19	Planung für weiteren Einsatz	85
Abbildung 4.20	Formel zur Berechnung der Stichprobengröße	87
Abbildung 4.21	CRISP-DM Prozessmodell	95
Abbildung 4.22	Darstellung der Ist-Werte im Vergleich zum Forecast	98

Tabellenverzeichnis

Tabelle 4.1	Zusammenhang zwischen dem Einsatz von PA und der Branche	63
Tabelle 4.2	Zusammenhang zwischen dem Einsatz von PA und den sonstigen Branchen	64
Tabelle 4.3	Positionen für den Einsatz von PA	68
Tabelle 4.4	Nutzung von Tools für den Einsatz von Predictive Analytics	72
Tabelle 4.5	Nutzung von Tools für die Top 3 Positionen	73
Tabelle 4.6	Bereinigung der Daten um Sondereffekte	74

Einleitung 1

1.1 Problemstellung

In den letzten Jahren nahm insbesondere die Künstliche Intelligenz (KI) viel Raum in der öffentlichen Wahrnehmung ein. Dieser Trend wurde Ende 2022 nochmals intensiviert, denn durch die Verfügbarkeit von ChatGPT kann die breite Masse die Möglichkeiten der KI erleben (Kreutzer, 2023, S. VII). Immer mehr Menschen wird dadurch deutlich, dass sich die KI mittlerweile von einer Nice-to-have-Technologie zu einer Must-have-Technologie gewandelt hat. Auch immer mehr Unternehmen beschäftigen sich mit den Potenzialen der KI. Im Unternehmensbereich gibt es vielfältige Einsatzmöglichkeiten von KI (Kreutzer, 2023, S. VII), wobei sich diese Arbeit im speziellen mit dem Einsatz von Predictive Analytics (PA) im Controlling zur Erstellung von Forecasts beschäftigt. Eine der wichtigsten Aktivitäten im Unternehmen ist es Entscheidungen zu treffen (Sharda et al., 2021, S. 41). Die Qualität der Entscheidungen hat maßgeblichen Einfluss darauf, ob das Unternehmen erfolgreich ist und dessen Existenz langfristig gesichert werden kann. Allerdings wird es aufgrund verschiedener interner und externer Faktoren, wie die herrschende Unsicherheit und unvorhersehbare schnelle Veränderungen, immer schwieriger Entscheidungen fundiert vorzubereiten und zu treffen. Die relevanten Daten können sich in der heutigen Zeit sehr schnell verändern und wachsen in Bezug auf das Volumen immer weiter an (Sharda et al., 2021, S. 41). Zudem stehen Unternehmen, durch die wachsende Digitalisierung der Wirtschaft und des Privatlebens in Bezug auf die Datenverfügbarkeit vor den Herausforderungen, dass immer mehr Daten und neue Datentypen zur Verfügung stehen (Seiter, 2023, S. 5). Allerdings verbessert sich auch der

© Der/die Autor(en), exklusiv lizenziert an Springer Fachmedien Wiesbaden GmbH, ein Teil von Springer Nature 2025
Z. Klinger, *Predictive Analytics im Controlling*, BestMasters,
https://doi.org/10.1007/978-3-658-47146-0_1

Zugriff auf Daten sowie die Methodiken zur Verknüpfung von Massendaten (Seiter, 2023, S. 5). Verallgemeinert gesagt wird das Unternehmensumfeld von Tag zu Tag komplexer und damit auch die zu treffenden Entscheidungen (Sharda et al., 2021, S. 43). Aufgrund dessen gewinnen Technologien, welche die Entscheidungsfindung unterstützen können, immer mehr an Bedeutung (Sharda et al., 2021, S. 41). Denn um die richtigen Entscheidungen treffen zu können, müssen die richtigen Informationen, zur richtigen Zeit und am richtigen Ort zur Verfügung stehen (Sharda et al., 2021, S. 63). In diesem VUCA[1]-Umfeld müssen Unternehmen ihre Forecasts[2], die als Entscheidungsgrundlage dienen, immer häufiger auf geänderte Rahmenbedingungen anpassen (Gerig, 2020, S. 230). Dies führt zu der Notwendigkeit, dass die Forecasts möglichst flexibel und mit wenig Aufwand in kurzer Zeit erstellt werden sollen. Die manuelle Erstellung von Forecasts ist allerdings ein zeitaufwendiger und komplexer Prozess, weshalb die eben aufgeführte Notwendigkeit der Flexibilisierung bei der manuellen Forecast Erstellung nur schwer umsetzbar ist (Gerig, 2020, S. 230). Die Notwendigkeit von mehr Flexibilität in der Forecast Erstellung führt dazu, dass PA eine immer größere Rolle spielt (Weber & Schäffer, 2022, S. 326). Außerdem sind Unternehmen immer mehr bestrebt Kosten einzusparen und daher auf der Suche nach Methoden und Möglichkeiten dies umzusetzen. Eine Möglichkeit im Controlling bei der Erstellung von Forecasts Ressourcen einzusparen könnte der Einsatz von PA darstellen, da hierdurch der Forecast Erstellungsprozess deutlich flexibler gestaltet werden kann (Weber & Schäffer, 2022, S. 326). Durch die Verfügbarkeit von umfangreicher Literatur und der Darstellung vielfältiger Praxisbeispiele in den gängigen Controlling Zeitschriften[3], entsteht der Eindruck, dass PA im Controlling zur Erstellung von Forecasts bereits umfangreich eingesetzt wird. Bereits durchgeführte Studien zeigten allerdings, dass PA bisher nicht in großem Maße in den Unternehmen eingesetzt wird. Die BARC Anwenderstudie[4] aus dem Jahr 2016 zeigte, dass lediglich 5 % der befragten Unternehmen PA häufig nutzen und 32 % PA vereinzelt einsetzen (Iffert et al., 2016, S. 14). Eine durchgeführte

---

[1] Die VUCA-Welt beschreibt in diesem Fall die volatile, unsichere, komplexe und mehrdeutige Unternehmensumwelt, in der die Unternehmen agieren.

[2] In dieser Arbeit wird unter Forecast die Erstellung von Prognosen verstanden, um dadurch Abweichungen von bereits erstellten (langfristigen) Planungen feststellen und entsprechende Gegenmaßnahmen einleiten zu können.

[3] Unter gängige Controlling Zeitschriften werden hier insbesondere das „Controller Magazin", „Controlling –Zeitschrift für erfolgsorientierte Unternehmenssteuerung" und „Controlling & Management Review" verstanden.

[4] Hierbei muss berücksichtigt werden, dass es sich bei dieser Studie um den Einsatz von PA im gesamten Unternehmen handelt und sich nicht speziell auf das Controlling bezieht.

Studie der IDG Business Media GmbH aus dem Jahr 2018 zeigte, dass lediglich rund 5 % der befragten Unternehmen über ein umfangreiches Analytics[5] System verfügen (Maurer, 2018, S. 18). Ende 2018/Anfang 2019 wurde eine weitere Studie durchgeführt, welche das Ergebnis lieferte, dass rund 78 % der befragten Unternehmen mit mehr als 1000 Mitarbeitern, in Predictive Planning einen Mehrwert sehen (Bley et al., 2020, S. 50). Das BARC führte im Jahr 2022 eine weitere Studie durch, welche den aktuellen Stand zur Nutzung von Predictive Planning und Forecasting untersuchte. Hierbei zeigte sich, dass 27 % der 271 befragten Unternehmen Predictive Planning bereits einsetzen und 17 % zu diesem Zeitpunkt einen Prototyp entwickelten (Fuchs & Tischler, 2022, S. 11). Da sich die aufgeführten Studien zwar mit PA beschäftigen, aber nicht im Speziellen auf die Nutzung von PA im Controlling zur Forecast Erstellung eingehen, und da es sich bei KI im Allgemeinen um ein sehr dynamisches und schnell veränderndes Themenfeld handelt (Diwo, 2022), ist es problematisch den aktuellen Status für den Einsatz von PA im Controlling anhand von Studien aus vergangenen Jahren abzuleiten. Für den aktuellen Zeitraum (Ende 2023/Anfang 2024) besteht daher wenig Transparenz, in welchem Umfang PA im Controlling zur Erstellung von Forecasts eingesetzt wird.

1.2 Zielsetzung und Forschungsfragen

Um ein Verständnis für den aktuellen Status des Einsatzes von PA im Controlling zur Forecast Erstellung zu erhalten, wurde im Rahmen dieser Arbeit eine empirische Untersuchung durchgeführt. Diese richtete sich an Unternehmen unabhängig von deren Größe und Sitz und soll klären, ob und inwieweit PA zur Erstellung von Forecasts im Controlling eingesetzt wird und ob sich bestimmte Trends erkennen lassen. Des Weiteren ist das Ziel der empirischen Untersuchung, hervorzuheben, ob bei dem Einsatz von PA zur Erstellung von Forecasts die Vorhersagegenauigkeit im Vergleich zu den manuellen Forecasts erhöht werden kann. Um Trends bei dem Einsatz von PA erkennen zu können, wird zu Beginn der empirischen Untersuchung die Unternehmensgröße, Börsennotierung, sowie die jeweilige Branche von den Unternehmen abgefragt. Hierdurch können die Unternehmen in verschiedene Kategorien eingeteilt werden, wodurch danach überprüft werden kann, ob pro Unternehmenskategorie Trends in Bezug auf den Einsatz

---

[5] Unter Analytics werden in dieser Studie neben PA auch Descriptive Analytics, Diagnostics Analytics, sowie Prescriptive Analytics verstanden. Die Unterschiede der Analyticsformen werden in Abschn. 2.2.3 erläutert.

von PA erkannt werden können. Nach den Kategorisierungsfragen folgt die Frage, ob PA zur Forecast Erstellung in dem jeweiligen Unternehmen genutzt wird. Bei den Unternehmen, die PA nicht zur Forecast Erstellung nutzen, soll durch weitere Fragen verstanden werden, was die Gründe hierfür sind. Für die Unternehmen, die PA zur Forecast Erstellung bereits einsetzen, soll mittels der weiteren Fragen geprüft werden, ob sich bei dem Einsatz von PA bestimmte Trends bzw. Regelmäßigkeiten bei der Umsetzung sowie bei der Implementierung eines PA Forecasts, bspw. in Bezug auf das genutzte Tool und die Vorhersagegenauigkeit, erkennen lassen. Somit beinhaltet die Zielgruppe der empirischen Untersuchung und der folgenden Arbeit alle Unternehmen, unabhängig davon, ob sie PA zur Forecast Erstellung bereits einsetzen. Für die Unternehmen, die bereits PA zur Forecast Erstellung einsetzen, ist es wichtig zu erkennen, ob und inwieweit sich unternehmensübergreifend Trends bzw. Regelmäßigkeiten bei der Nutzung und Implementierung erkennen lassen. Hierdurch sollen diese Unternehmen überprüfen können, ob sie bei dem Einsatz von PA ähnlich wie andere Unternehmen vorgehen, oder ob sie für das eigene Vorgehen Verbesserungspotentiale identifizieren können. Für die Unternehmen, die PA bisher nicht nutzen, soll anhand der Ergebnisse der empirischen Untersuchung eine Handlungsempfehlung für die erstmalige Implementierung eines PA Forecasts abgeleitet werden. Hierdurch soll für diese Unternehmen ein erleichterter Einstieg für die Implementierung und Nutzung eines PA Forecasts geschaffen werden. Zudem werden veröffentlichte Praxisbeispiele herangezogen, um ein Verständnis für die Herausforderungen und Möglichkeiten bei dem Einsatz von PA zur Erstellung von Forecasts zu erlangen.

Anhand der oben aufgeführten Punkte lassen sich folgende Forschungsfragen ableiten, die im Rahmen dieser Arbeit beantwortet werden sollen:

1) Wird PA in Unternehmen im Controlling zur Erstellung von Forecasts eingesetzt?
2) In welchem Umfang wird PA im Controlling zur Erstellung von Forecasts eingesetzt?
3) Können bei dem Einsatz von PA unternehmensübergreifende Trends erkannt werden?
4) Was sind die Gründe warum PA nicht zur Forecast Erstellung eingesetzt wird?

Das übergeordnete Ziel dieser Arbeit ist es, praxisorientierte Erkenntnisse über den Einsatz von PA im Controlling zur Erstellung von Forecasts zu generieren und damit einen Beitrag zur erfolgreichen Einführung und Umsetzung in der Unternehmenspraxis zu leisten.

1.3 Aufbau der Arbeit

Die folgende Arbeit teilt sich in einen theoretischen Teil und einen praxisorientierten Teil auf und besteht neben dem einführenden Kapitel aus vier weiteren Kapiteln. Das zweite Kapitel bezieht sich auf die theoretischen Grundlagen des Controllings und der PA, um die theoretische Basis für den praxisorientierten Teil der Arbeit zu bilden. Hierzu werden zunächst in Abschn. 2.1 die Grundlagen des Controllings beleuchtet, wobei auf dessen historische Entwicklung, die Rolle des Controllings im Unternehmen, sowie auf aktuelle Themen im Controlling eingegangen wird. Darauf folgt in Abschn. 2.2 eine Einführung in PA, wobei zunächst auf die Grundlagen von PA eingegangen wird und danach eine Einordnung von PA innerhalb von Business Analytics vorgenommen wird. Abgeschlossen wird der Abschn. 2.2 mit der Abgrenzung von PA zu Business Intelligence (BI). In Abschn. 2.3 werden die Möglichkeiten für das Zusammenspiel von Controlling und PA erläutert. Hierzu wird zunächst der aktuelle Stand der Forschung aufgezeigt und danach anhand von Praxisbeispielen der Einsatz von PA im Controlling dargestellt. Das dritte Kapitel der Arbeit bildet die Überleitung zu dem praxisorientierten Teil der Arbeit, indem es aufzeigt, welche Forschungsmethodik den Ergebnissen des vierten Kapitels zugrunde liegt. Nachdem die zugrundeliegende Forschungsmethodik erläutert wurde, sollen in Abschn. 4.1 zunächst die Ergebnisse der durchgeführten empirischen Untersuchung, inwieweit PA im Controlling zur Forecast Erstellung eingesetzt wird, dargestellt werden. Darauf folgt in Abschn. 4.2 die Interpretation der Ergebnisse, sowie die Ableitung einer Handlungsempfehlung, wie Unternehmen bei der erstmaligen Einführung eines PA Forecasts vorgehen sollten. Im letzten Teil des Abschn. 4.2 werden Kritikpunkte und Beschränkungen der durchgeführten empirischen Untersuchung aufgezeigt, damit die Leser die dargestellten Ergebnisse sinnvoll einordnen können. Den Abschluss der Arbeit bildet das Fazit, in dem zunächst die gewonnenen Erkenntnisse zusammengefasst werden und zudem ein Ausblick auf mögliche nächste Schritte gegeben wird.

Allgemein kann festgehalten werden, dass das zweite Kapitel der Arbeit in erster Linie auf einer systematischen Literaturrecherche aufbaut. Hierzu wurde hauptsächlich in der Online-Bibliothek der IU International Hochschule, sowie der Badischen Landesbibliothek nach den Schlagwörtern „Controlling" und/oder „Predictive Analytics" gesucht. Die dadurch ermittelten Quellen wurden während des Lesens um weitere Quellen ergänzt. Hierbei handelt es sich hauptsächlich um Quellen, die bei den durch die systematische Literaturrecherche erlangten Quellen als Primärquellen angegeben wurden. Das dritte und vierte Kapitel basiert wiederum auf einer quantitativen Datenerhebung bei Unternehmen in Form eines Online-Fragebogens. Auf die hier angewandte Forschungsmethodik wird in Kap. 3 näher eingegangen.

Grundlagen des Controllings und der Predictive Analytics 2

Das folgende Kapitel beleuchtet im ersten Teil die theoretischen Grundlagen des Controllings, wobei zunächst auf die historische Entwicklung und die Rolle des Controllings im Unternehmen eingegangen wird. Darauf folgt eine Darstellung der aktuellen Themen im Controlling. Der Abschn. 2.2 bezieht sich auf die PA und beleuchtet zuerst deren Grundlagen. Danach erfolgt eine Einordnung der PA im Rahmen von Business Analytics und eine Abgrenzung der PA zu BI. Abschließend werden in Abschn. 2.3 die Möglichkeiten für das Zusammenspiel von Controlling und PA aufgezeigt.

2.1 Grundlagen des Controllings

Im ersten Abschnitt dieses Kapitels werden zunächst die historischen Entwicklungen des Controllings und die Controlling-Konzeptionen beleuchtet. Anschließend wird die Rolle des Controllings im Unternehmen anhand des Controlling Prozessmodells 2.0 der IGC erläutert. Den Abschluss bildet eine Darstellung ausgewählter aktueller Themen im Controlling.

2.1.1 Historische Entwicklung und Controlling-Konzeptionen

Historische Entwicklung
Bereits im 15. Jahrhundert existierte am englischen Königshof eine Stelle mit der Stellenbezeichnung des "Countrollers", welche die Aufgabe hatte, alle ein- und ausgehende Gelder und Güter zu dokumentieren (Weber & Schäffer, 2022, S. 5). In den USA gab es seit 1778 die Funktion des "Comptrollers", der das Staatsbudget sowie die Verwendung der Staatsausgaben überwachte. Im staatlichen Bereich gab es in den USA zudem ab 1863 den "Controller of Currency" (Leiter der staatlichen Bankenaufsicht), sowie ab 1921 den "Comptroller General" (Leiter der obersten Rechnungsprüfungsbehörde) (Weber & Schäffer, 2022, S. 5). In Unternehmen tauchte der "Comptroller" erstmals 1880 auf, der für finanzwirtschaftliche Tätigkeiten verantwortlich war: „The duties of the Comptroller are largely financial and relate to the bonds, stocks, and securities owned by the company" (Jackson 1949, S. 8, zitiert nach Weber & Schäffer, 2022, S. 5). Die umfangreiche Ausbreitung der Controllerstellen kann mit den 1920iger Jahren datiert werden (Jackson 1949, S. 7, zitiert nach Weber & Schäffer, 2022, S. 5). Gründe hierfür waren, dass es immer mehr Großunternehmen mit höherer Fixkostenintensität gab, welche ihre Fixkosten überwachen mussten, um unternehmerisch flexibel zu bleiben (Weber & Schäffer, 2022, S. 6–8). Der Aufgabenbereich des Controllers umfasste daraufhin nicht mehr nur die Analyse bereits vergangener Transaktionen, sondern auch die Planung zukünftiger Transaktionen und Entwicklungen. 1931 wurde das "Controller's Institute of America" gegründet, dem es gelang ein einheitliches Verständnis über die Aufgaben eines Controllers zu entwickeln. Aufgrund der steigenden Unsicherheit der Unternehmensumwelt stand hierbei die Planung als Aufgabe der Controller im Mittelpunkt. Da erstellte Pläne nur dann sinnvoll sein können, wenn auch deren Eintreten überwacht wird, musste eine entsprechende Kontrolle der Pläne etabliert werden. Hierbei wurden die Plan- und Ist-Werte gegenübergestellt sowie Abweichungsanalysen durchgeführt. Da eine Analyse der Ist-Werte nur möglich ist, wenn diese Daten auch zur Verfügung stehen, war es zudem Aufgabe der Controller diese Informationen bereitzustellen. Durch die zuvor beschriebenen Aufgaben erlangten die Controller umfassendes Wissen über den Betrieb, wodurch es naheliegend war, dass sie auch mit der Beantwortung von Bewertungs- und Beratungsfragen des Managements betraut wurden. Des Weiteren nahmen die Controller in den USA zu dieser Zeit folgende Aufgaben wahr: Steuerangelegenheiten, Berichterstattung an staatliche Stellen, Sicherung des Vermögens sowie volkswirtschaftliche Untersuchungen (Weber & Schäffer, 2022, S. 6–8). Da sich diese

2.1 Grundlagen des Controllings

Arbeit mit dem Einsatz von PA in deutschen Unternehmen befasst, soll in diesem Abschnitt der Fokus auf die historische Entwicklung des Controllings in Deutschland gelegt werden. In Deutschland etablierte sich die Stellenbezeichnung des „Controllers" erst zu einem späteren Zeitpunkt (Schäffer et al., 2014, S. 138). Ende der 1960iger Jahre gab es Controllerstellen in Deutschland nur in Tochterunternehmen amerikanischer Konzerne. Erst der zunehmende Kostendruck durch die Ölkrise 1973 und durch den Wandel von Verkäufer- zu Käufermärkten, machte zukunftsgerichtete Analysen erforderlich. Zudem erforderte die gesteigerte Komplexität von Unternehmen und die Notwendigkeit einer stärkeren Marktnähe Anpassungen in der Unternehmenssteuerung. Die Weiterentwicklung der Informationstechnologie und die Verbreitung der entwickelten Kostenrechnungskonzepte ermöglichte die geforderte Transparenz (Schäffer et al., 2014, S. 138). Eine von der Frankfurter Allgemeinen Zeitung durchgeführte Analyse im Zeitraum 1949 bis 1994 ermittelte drei Kernaussagen über die Entwicklung des Controllings in Deutschland. 1. 1954 erschien die erste Stellenanzeige als Controller in Deutschland 2. Die Stellen wurden überwiegend in Tochterunternehmen amerikanischer Konzerne angeboten 3. Die Anzahl der Controllerstellen entwickelte sich progressiv (Weber & Schäffer, 1998, S. 227–233). Als Hauptaufgaben wurden in den Stellenausschreibungen folgende Tätigkeiten genannt: Budgetierung und Budgetkontrolle, Durchführung von Abweichungsanalysen sowie Kostenüberwachung. Im Zeitverlauf konnte auch die Einbindung der Controller in das strategische Management in den Stellenanzeigen erkannt werden, ohne dass sich die ursprünglich genannten Aufgaben veränderten (Weber & Schäffer, 1998, S. 227–233). Laut Bundesagentur für Arbeit gab es 2019 rund 120.000 Controller in Deutschland. Im Jahr 2022 waren laut einer Erhebung das Berichtswesen bzw. die Informationsversorgung, die Planung und Kontrolle sowie projektbezogene Arbeit und Beratung die Hauptaufgaben der Controller in Deutschland (Reimer & Schäffer, 2022, S. 125). Kernaufgabe des Controllings war zu Beginn die Bereitstellung von wichtigen Informationen für das Management (Horváth et al., 2020, S. 189). Im Laufe der Zeit veränderte sich allerdings, welche Themen unter Informationsversorgung zu verstehen sind. Durch die Erweiterung der Planung innerhalb des Unternehmens, mussten sich Controller auch mit Informationen aus dem Unternehmensumfeld beschäftigen, da die Informationen aus dem internen Rechnungswesen für die strategische Unternehmensplanung nicht mehr ausreichten. Hierzu werden Informationen über zukünftige Entwicklungen aus dem Unternehmensumfeld benötigt. Darüber hinaus wird versucht, aus immer größeren Datenmassen tiefere Einblicke und Erkenntnisse zu generieren, wodurch Big Data in der heutigen Zeit eine immer größere Rolle im Controlling spielt (Horváth et al., 2020, S. 189). Unter Big Data werden große Mengen an vielfältigen Daten verstanden, die aus den unterschiedlichsten Quellen mit hoher Geschwindigkeit entstehen (ORACLE Deutschland B.V. & Co. KG, n.d.). Ermöglicht wurde dies auch durch die fortschreitende Digitalisierung, aufgrund derer dem Controller mehr Daten in unterschiedlichen Formen zur Verfügung stehen (Horváth et al., 2020, S. 189). Im Controlling konnte zudem im Zeitverlauf die sehr schnelle Änderung von papierbasierten Arbeiten zu Computer/Internet basierten, sowie Software basierten Arbeiten festgestellt werden. Des Weiteren spielen heutzutage die Themen der Künstlichen Intelligenz eine große Rolle, mit denen sich der Controller zur Erfüllung seiner Aufgaben auseinandersetzen muss (Ashoka et al., 2019, S. 28).

Controlling-Konzeptionen
Laut Weber & Schäffer existieren im Wesentlichen vier verschiedene Controlling-Konzeptionen (Weber & Schäffer, 2022, S. 22–28). Auf diese vier Konzeptionen soll im folgenden Abschnitt kurz eingegangen sowie deren Ursprung dargestellt werden. Heigl definiert Controlling als „Beschaffung, Aufbereitung und Koordination von Informationen für deren Anwendung zur Steuerung der Betriebswirtschaft durch die Unternehmensleitung auf deren Ziel hin", wodurch bei dieser Controlling-Konzeption die Informationsversorgung als Mittelpunkt des Controllings gesehen wird (Heigel 1989, S. 3, zitiert nach Weber & Schäffer, 2022, S. 22). Hierbei geht es insbesondere um die Wahrnehmung von Informationsbedarfen, die Beschaffung der notwendigen Informationen sowie deren adressatengerechte Aufbereitung. Des Weiteren ist das Controlling für die inhaltlichen Erläuterungen der Informationen verantwortlich. Eine weitere frühe Controlling-Konzeption bezeichnet das Controlling als Teilbereich der Unternehmensführung, wodurch das Controlling hierbei für die erfolgszielbezogene Steuerung des Unternehmens verantwortlich ist (Weber & Schäffer, 2022, S. 23). Der Autor Mann sprach hierbei ursprünglich sehr konkret von Controlling als Gewinnsteuerung (Mann 1973, S. 11, zitiert nach Weber & Schäffer, 2022, S. 23). Verallgemeinert gesehen befasst sich diese Konzeption mit einer regelkreisorientierten Sicht der Führung, wobei als Ausgangspunkt zunächst Ziele festgelegt werden (Weber & Schäffer, 2022, S. 24–25). Diese werden durch einen Planungsprozess erstellt und an die ausführenden Stellen weitergegeben. Durch die vorab erstellten Ziele und Pläne können Soll-Ist-Vergleiche durchgeführt werden. Die daraus gewonnenen Erkenntnisse unterstützen dabei notwendige Handlungen einzuleiten, um die Ziele zu erreichen bzw. die Erreichbarkeit der Ziele zu hinterfragen. Controlling als Koordinationsfunktion stellt eine weitere Controlling-Konzeption dar, wobei hier die Koordination unterschiedlicher Teilsysteme der Unternehmensführung im Mittelpunkt steht (Weber &

2.1 Grundlagen des Controllings

Schäffer, 2022, S. 24–25). Den Ursprung hat diese Konzeption in einem Beitrag von Horváth, wobei dieser einen systemorientierten Ansatz wählt und das Führungssystem eines Unternehmens in ein Planungs- und Kontrollsystem und in ein Informationssystem aufteilt. Zwischen diesen Führungssystemen besteht ein Koordinationsbedarf, welcher die Aufgabe des Controllings ist. Allerdings besteht auch innerhalb der Führungssysteme Koordinationsbedarf, welcher von dem jeweiligen Controlling erledigt wird (Horvárth 1978, S. 194–208, zitiert nach Weber & Schäffer, 2022, S. 25). Schmidt erweiterte das Führungssystem um ein Ziel und Organisationssystem und sieht die Koordination aller Systeme als Aufgabe des Controllings (Schmidt 1986, S. 56–57., zitiert nach Weber & Schäffer, 2022, S. 25). In der Literatur existieren einige weitere Ansichten, was Teil des Führungssystems ist und auf was sich die Koordinationsfunktion des Controllings bezieht. Nach Weber bspw. wird die Koordinationsfunktion auf Führungssysteme beschränkt, bei denen das Planungssystem im Vordergrund steht (Weber 1992, S. 176, zitiert nach Weber & Schäffer, 2022, S. 27). Hierdurch fokussiert sich die Koordinationsfunktion des Controllings auf das Planungssystem. Die weiteren Führungsteilsysteme werden hauptsächlich auf das Planungssystem abgestimmt. Die Koordination der Abhängigkeiten zwischen den anderen Führungsteilsystemen rückt nach Weber in den Hintergrund (Weber 1992, S. 176, zitiert nach Weber & Schäffer, 2022, S. 27). Anhand der unterschiedlichen Ansichten der Koordinationsfunktion wurde die Controlling-Konzeption als Rationalitätssicherung der Führung abgeleitet (Weber & Schäffer, 2022, S. 27–28). Hierbei wird eine Führungsperspektive zugrunde gelegt, bei der die Führung durch Personen und deren persönliche Ansichten beeinflusst wird, wodurch Rationalitätsdefizite entstehen können. Die Aufgabe des Controllings ist es die Rationalitätssicherung sicherzustellen. Rationalitätssicherung bedeutet in diesem Kontext sicherzustellen, dass die Führungsentscheidungen auf die Ziele des jeweiligen Unternehmens ausgerichtet sind. Hierbei sollten entstandene Rationalitätsdefizite erkannt und verringert werden (Weber & Schäffer, 2022, S. 27–28).

Aufgrund dessen, dass die eben beschriebenen Controlling-Konzeptionen die Aufgaben des Controllings lediglich abstrakt darstellen, soll im folgenden Kapitel auf die Rolle des Controllings im Unternehmen eingegangen werden. Hierdurch sollen die Aufgaben des Controllings konkret dargestellt werden, indem aufgezeigt wird, für welche Prozesse das Controlling im Unternehmen verantwortlich ist.

2.1.2 Die Rolle des Controllings im Unternehmen

Um die Rolle des Controllings im Unternehmen einordnen zu können, muss zunächst festgehalten werden, dass in der betriebswirtschaftlichen Theorie keine einheitliche Controlling Definition existiert (Weber & Schäffer, 2022, S. 28). Um ein möglichst differenziertes Bild zu erhalten, beschäftigt sich dieser Abschnitt zunächst mit zwei weiteren Controlling Ansichten, um dann anhand des Controlling-Prozessmodell 2.0 der IGC die einzelnen Controlling Prozesse im Unternehmen zu beleuchten und daraus die Rolle des Controllings im Unternehmen abzuleiten.

Neben den im vorigen Abschnitt dargestellten Controlling-Konzeptionen, ist das Controlling nach Emler et al. für die transparente Darstellung der Unternehmensergebnisse verantwortlich (2023, S. 27–28). Hierzu ist es allerdings notwendig, dass die relevanten Daten vorhanden, qualitativ hochwertig und zeitnah zugänglich sind. Nur wenn diese Voraussetzungen gegeben sind, kann das Controlling eine transparente Darstellung abbilden. Um eine erfolgreiche Unternehmenssteuerung des Managements zu ermöglichen, ist es Aufgabe des Controllings die jeweiligen Ergebnistreiber, sowie Chancen und Risiken zu identifizieren, zu analysieren und dem Management transparent darzustellen (2023, S. 27–28). Somit wird dem Controlling nach Emler et al. eine Entscheidungsunterstützungsfunktion zugeschrieben (2023, S. 35).

In Bezug auf die nächste Quelle wird zunächst eine Controlling Definition betrachtet, sowie auf die Abgrenzung der Begriffe Controller und Controlling eingegangen. Die Definition von Controlling ist laut DIN-SPEC 1086 wie folgt „Controlling ist der gesamte Prozess der betriebswirtschaftlichen Zielfindung, Planung und Steuerung eines Unternehmens". Controlling ist auf die Sicherstellung einer nachhaltigen wirtschaftlichen Entwicklung des Unternehmens ausgerichtet und beruht auf der Wechselwirkung vielfältiger Regelkreise aus Zielfestlegung, Planung, Umsetzung, Messung und Verbesserung" (ICV & IGC, 2009, S. 5). Aus dieser Definition geht hervor, dass Controlling sehr vielfältig ist und die Rolle des Controllings im Unternehmen verschiedene Aufgaben beinhaltet. Laut der IGC nehmen Controller im Unternehmen zwei Rollen wahr: Auf der einen Seite sind sie Berater und Partner des Managements und dadurch verantwortlich für die Erreichung der Ziele (International Group of Controlling, 2017, S. 13). Auf der anderen Seite wirken Controller als Dienstleister und sind verantwortlich für die Bereitstellung und Überprüfung notwendiger Informationen auf Richtigkeit. Hierbei werden die Begriffe Controller und Controlling wie folgt unterschieden: Die Controller sind Dienstleister für die verschiedenen Unternehmensbereiche, wobei insbesondere die Betreuung und Beratung anderer

2.1 Grundlagen des Controllings

Bereiche und Personen innerhalb des Unternehmens darunter zu verstehen sind. Das Controlling hingegen fokussiert sich auf die Festlegung der Ziele, sowie die Planung und Steuerung des jeweiligen Unternehmens und ist damit Aufgabe des Managements. Die Verantwortung des Controllings liegt beim Management und die Durchführung, sowie Mitverantwortung beim Controller in der Rolle des Managementpartners (International Group of Controlling, 2017, S. 13). Die Abbildung 2.1 verdeutlicht die Überschneidung der Aufgaben von Management und Controllern, woraus sich das Controlling ergibt.

Abbildung 2.1 Zusammenspiel von Management und Controller. (Quelle: In Anlehnung an International Group of Controlling, 2017, S. 13)

Insgesamt betrachtet kann festgehalten werden, dass das Controlling in Bezug auf Zielsetzung und Verfolgung der Ziele ein fortlaufender Prozess ist. Bei diesem Prozess vereinbaren das Management und die Controller die Ziele, richten die Unternehmensaktivitäten auf diese Ziele aus und planen dementsprechend. Des Weiteren wird die Erreichung der Ziele permanent überwacht, wodurch Abweichungen frühzeitig erkannt und entsprechende Gegenmaßnahmen eingeleitet werden können (International Group of Controlling, 2017, S. 13–16).

Da die eben aufgeführten Controlling Definitionen eher abstrakt sind, nimmt der folgende Abschnitt Bezug auf das Controlling-Prozessmodell 2.0 der IGC, um die Rolle des Controllings im Unternehmen herausarbeiten zu können. Hierbei werden die einzelnen Prozesse, für die das Controlling im Unternehmen verantwortlich ist, kurz erläutert. Das Controlling-Prozessmodell 2.0 orientiert sich an mittleren bis großen Industrie- und Dienstleistungsunternehmen, ist aber prinzipiell unabhängig von der Unternehmensgröße und Branche anwendbar (International Group of Controlling, 2017, S. 7). Das Controlling-Prozessmodell 2.0 gliedert sich in 10 Hauptprozesse, die innerhalb des Kreislaufs Zielfestlegung, Planung und Steuerung stattfinden (International Group of Controlling, 2017, S. 19). Bei der Darstellung in der Abbildung 2.2 ist darauf zu achten, dass die fünf Prozesse, „Planung, Budgetierung und Forecast", „Investitionscontrolling", „Kostenrechnung", „Management Reporting" und „Business Partnering" die Kernprozesse des Controllings abbilden. Die vier Hauptprozesse, „Strategische Planung", „Projektcontrolling", „Risikocontrolling", „Datenmanagement" sind ebenso relevant, werden aber in Kooperation mit weiteren Unternehmensbereichen durchgeführt und zählen somit nicht zu den Kernprozessen. Der Hauptprozess "Weiterentwicklung von Organisation, Prozesse, Instrumenten und Systemen" bezieht sich auf die durchgängige Qualitätssicherung und -verbesserung der Prozesse und Strukturen im Controlling. Dieser Prozess hat daher eine große Bedeutung im Unternehmen, unterscheidet sich allerdings dahingehend von den anderen Hauptprozessen, dass er sich auf die Weiterentwicklung der Controlling Funktion fokussiert und somit nicht auf die direkte Führungsunterstützung abzielt, wie es bei den anderen Prozessen der Fall ist. Das Funktionscontrolling wird als Querschnittsprozess dargestellt, in dem sich die Hauptprozesse in der Regel wiederfinden. Als Beispiele für das Funktionscontrolling können hier das Personal-, Marketing-, Vertriebs-, Produktions- und Beschaffungscontrolling genannt werden (International Group of Controlling, 2017, S. 19). Um ein vollständiges Bild der Rolle des Controllings im Unternehmen abbilden zu können, werden zusätzlich die Ziele und Aufgaben der abgebildeten Hauptprozesse des Controllings kurz erläutert. Hierzu wird der Prozess „Planung, Budgetierung und Forecast" in „Planung und Budgetierung" und „Forecast" aufgeteilt, wobei auf den Abschnitt „Forecast" separat eingegangen wird, da sich diese Arbeit in den folgenden Kapiteln auf den Bereich Forecast fokussiert. Außerdem wird an dieser Stelle kurz auf das Thema Analytics eingegangen, welches die verschiedenen Hauptprozesse in deren Umsetzung unterstützen kann (International Group of Controlling, 2017, S. 25–26).

2.1 Grundlagen des Controllings

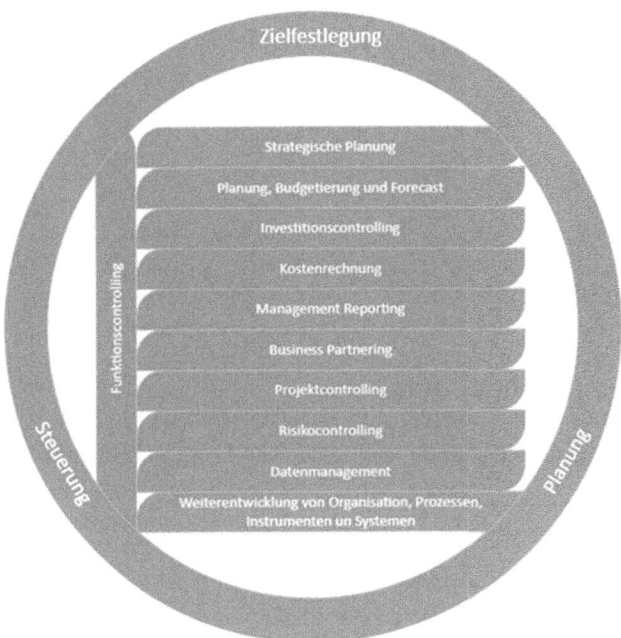

Abbildung 2.2 Das IGC Controlling-Prozessmodell 2.0. (Quelle: Eigene Darstellung in Anlehnung an IGC, 2017, S. 20)

Strategische Planung
Die strategische Planung bezieht sich auf einen langfristigen Zeithorizont und setzt sich die langfristige Existenzsicherung, sowie die Wertsteigerung des Unternehmens als Ziel (International Group of Controlling, 2017, S. 29). Des Weiteren liefert die strategische Planung den Orientierungsrahmen für alle folgenden Unternehmensentscheidungen und -aktivitäten (International Group of Controlling, 2017, S. 29). Die strategische Planung wird in der Regel vom Management verantwortet und durch das Controlling bei der Durchführung unterstützt (Wiltinger et al., 2022, S. 37). Als Hauptaufgabe des Controllings kann hier die Durchführung von strategischen Analysen genannt werden (Wiltinger et al., 2022, S. 37). Der Zeithorizont der strategischen Planung muss innerhalb des jeweiligen Unternehmens individuell definiert werden (International Group of Controlling, 2017, S. 30). Laut IGC nutzen die meisten Unternehmen 3 bis 5 Jahre als Zeithorizont für die strategische Planung (2017, S. 30). Wohingegen nach Weber

und Schäffer die strategische Planung in der Regel einen Zeitraum von mehr als 5 Jahren berücksichtigt und als Aufgabe die Positionierung des Unternehmens beinhaltet (2022, S. 280–281). Die strategische Planung zählt im Controlling-Prozessmodell zu den Hauptprozessen, allerdings nicht zu den Kernprozessen, da sie nur in Zusammenarbeit mit dem Management durchgeführt werden kann (International Group of Controlling, 2017, S. 19).

Planung und Budgetierung
Die operative Planung und Budgetierung verfolgen als Ziel die bewusste Auseinandersetzung mit Vorgaben und Budgets, sowie die Förderung der entsprechenden Maßnahmen in den einzelnen Unternehmensbereichen (Weber & Schäffer, 2022, S. 275). Bei der operativen Planung werden sachorientierte Ziele, sowie die dafür notwendigen Maßnahmen aus der strategischen Planung abgeleitet und beziehen sich auf einen kurz- bis mittelfristigen Zeithorizont. Die operative Planung soll das Management bei der Steuerung der einzelnen Unternehmensbereiche und der Erreichung der langfristigen Ziele unterstützen. Somit ist die operative Planung ein, auf die Ziele des jeweiligen Unternehmens, ausgerichteter Prozess und bezieht sich auf zukünftige Handlungen und Ereignisse. Während des Planungsprozesses werden relevante Informationen verarbeitet, denn ohne die notwendigen Informationen kann keine Planung durchgeführt werden (Weber & Schäffer, 2022, S. 275). Die Budgetierung fokussiert sich auf die finanziellen Auswirkungen des erstellten Plans und unterstützt somit die Planung bei deren Umsetzung (International Group of Controlling, 2017, S. 33–34). Die operative bzw. kurzfristige Planung hat in der Regel einen Planungshorizont von bis zu einem Jahr und wird von Geschäftsjahr zu Geschäftsjahr neu erstellt (Weber & Schäffer, 2022, S. 281–282. Hierzu zählt bspw. die Absatz- und Beschaffungsplanung. Die mittelfristige Planung bezieht sich in der Regel auf den Zeithorizont zwischen der operativen und der strategischen Planung und muss je nach Unternehmen individuell definiert werden (Weber & Schäffer, 2022, S. 281–282).

Forecast
Unter Forecasting ist eine planerische Aktivität zu verstehen, welche starke Abhängigkeiten zur operativen Planung und Budgetierung aufweist (International Group of Controlling, 2017, S. 36). Durch den Forecast sollen frühzeitig zukünftige Abweichungen von der erstellten Planung erkannt werden, damit entsprechende Gegenmaßnahmen eingeleitet werden können, um die identifizierten Abweichungen zu schließen bzw. die relevanten Budgets an geänderte Rahmenbedingungen anzupassen (International Group of Controlling, 2017, S. 36). An die Forecasts eines Unternehmens werden verschiedene Anforderungen gestellt,

damit diese für das Unternehmen hilfreich sind (Weber & Schäffer, 2022, S. 326–328). Prinzipiell gilt bei der Forecast Erstellung, dass die Forecasts aus den unterschiedlichen Bereichen eines Unternehmens aufeinander abgestimmt sein müssen, um einen Mehrwert für das jeweilige Unternehmen zu generieren. Um wertvolle Informationen für Entscheidungen liefern zu können, müssen Forecasts aktuell sein und somit ein rechtzeitiges eingreifen ermöglichen (Weber & Schäffer, 2022, S. 326–328). Um die Vorhersagegenauigkeit von Forecasts erhöhen zu können, ist ein Management der Daten im Hinblick auf Datenverfügbarkeit, -qualität und -zugang unerlässlich. Um die Transparenzerwartungen erfüllen zu können, empfiehlt sich diesbezüglich eine Data Governance aufzubauen (Emler et al., 2023, S. 35–36). Des Weiteren muss der Prozess der Forecast Erstellung im jeweiligen Unternehmen effizient gestaltet werden (Weber & Schäffer, 2022, S. 326). Hierzu sollte die Frage auf welchem Detaillevel der Forecast wirklich benötigt wird, im Blick behalten werden. Hierdurch können oftmals Einsparpotentiale und damit auch eine Effizienzsteigerung generiert werden. Die Effizienz kann hauptsächlich durch den Einsatz von PA bei Erstellung des Forecasts gesteigert werden, da hierdurch der Erstellungsprozess überwiegend automatisiert werden kann (Weber & Schäffer, 2022, S. 326). Der traditionelle Forecast Prozess bindet in der Regel viele Ressourcen und die Vorhersagegenauigkeit hängt vor allem von der subjektiven Einschätzung der jeweiligen Manager und Controller ab (Gerig, 2020, S. 230). Worum es sich bei PA handelt und wie es bei der Forecast Erstellung zum Einsatz kommen kann, wird in den Abschn. 2.2 und 2.3 erläutert.

Investitionscontrolling
Durch das Investitionscontrolling sollen im Unternehmen Investitionsentscheidungen getroffen werden, sowie bereits begonnene Investitionsprojekte überwacht und gesteuert werden (International Group of Controlling, 2017, S. 39–40). Eine Aufgabe des Investitionscontrollings ist es die benötigte Transparenz über die Wirtschaftlichkeit der jeweiligen Investition zu schaffen. Da Investitionen in der Regel zum Abfluss hoher Geldbeträge führen, müssen mögliche Investitionen abgewogen und analysiert werden. Hierdurch kommt dem Investitionscontrolling eine besonders wichtige Aufgabe im Hinblick auf die Existenzsicherung des Unternehmens zu. Auch nach einer getroffenen Investitionsentscheidung, muss das Investitionscontrolling das Investitionsvorhaben im Hinblick auf die Erreichung der Ziele überwachen, Abweichungsanalysen erstellen, sowie entsprechende Gegenmaßnahmen einleiten, um die Investition erfolgreich zu implementieren (International Group of Controlling, 2017, S. 39–40). Zwischen dem Investitions- und Projektcontrolling lassen sich Übereinstimmungen feststellen

(Müller, 2022, S. 92). Da bspw. der Kauf einer neuen Anlage viel Aufwand beinhaltet, die neue Anlage in bestehende Prozesse zu implementieren, wird die Einführung der neuen Anlage in der Regel durch ein Projekt gesteuert. Aufgrund des hohen Geldabflusses unterliegt der Kauf der Anlage aber auch dem Investitionscontrolling (Müller, 2022, S. 92).

Kostenrechnung
Der Hauptprozess Kostenrechnung umfasst die Kosten-, Leistungs- und Ergebnisrechnung, welche das Ziel hat, Transparenz durch eine sachgerechte Zuordnung der Kosten, Leistungen und Erlöse auf die zugehörigen Kostenträger (bspw. Produkte oder Unternehmensabteilungen), zu schaffen (International Group of Controlling, 2017, S. 42). Durch diese Transparenz sollen die Verantwortlichen in Bezug auf zu treffende Entscheidungen unterstützt werden. Bei dem Prozess der Kostenrechnung werden die entstandenen Kosten, Leistungen und Erlöse erfasst, verteilt und möglichst verursachungsgerecht zugeordnet. Zudem ist die Auswertung und Kontrolle von Kosten, Leistungen und Erlösen Aufgabe der Kostenrechnung (International Group of Controlling, 2017, S. 42). Durch die Kostenrechnung kann festgestellt werden, ob die entstandenen Kosten im Verhältnis zu den zu erzielenden Erlösen stehen, oder ob sie angepasst werden müssen (Weber & Schäffer, 2022, S. 145). Die Kostenrechnung kann dem internen Rechnungswesen zugeordnet werden und richtet sich damit an unternehmensinterne Adressaten wie bspw. die Unternehmensleitung (Olfert, 2018, S. 25). In Bezug auf den zu betrachtenden Zeithorizont, weist die Kostenrechnung einen kurzfristigen Charakter auf (Olfert, 2018, S. 73).

Management Reporting
Das Management Reporting verfolgt das Ziel, die für die Unternehmenssteuerung relevanten Informationen, zeitnah und adressatengerecht zu erstellen und dem Management zu präsentieren. Hierdurch soll das Management Reporting die benötigte Transparenz sicherstellen (International Group of Controlling, 2017, S. 45). Das Management Reporting beinhaltet das innerbetriebliche Berichtswesen und richtet sich an die Führungsebene (Schulze & Wiesmann, 2019, S. 22–24). Im Rahmen des relevanten Planungs- und Kontrollprozesses soll dem Management steuerungsrelevante Informationen in Form von Berichten zur Verfügung gestellt werden. Durch die im Management Reporting erstellten Berichte können die historischen Daten adäquat dokumentiert und für zukünftige Prognosen herangezogen werden. Des Weiteren werden die bereitgestellten entscheidungsrelevanten Informationen für die Vorbereitung von zukünftigen Entscheidungen genutzt (Schulze & Wiesmann, 2019, S. 22–24). Außerdem können

durch die erstellten Berichte Abweichungen vom Plan festgestellt und notwendige Gegenmaßnahmen initiiert werden, weshalb die Berichte auch dem Kontrollzweck dienen (Weber & Schäffer, 2022, S. 236).

Business Partnering
Unter Business Partnering wird die betriebswirtschaftliche Beratung der verschiedenen Unternehmensbereiche verstanden (International Group of Controlling, 2017, S. 49–50). Ziel ist es bereichsübergreifend zu koordinieren und die Rationalität von Entscheidungen in Bezug auf Zielfindung, Planung und Steuerung sicherzustellen. Im Rahmen des Business Partnering sollen die Controller die verschiedenen Unternehmensbereiche zudem in Bezug auf die Initiierung und Durchführung von Veränderungsprozessen betriebswirtschaftlich beraten. Hierbei sollen durch Analysen notwendige Veränderungen in bestehenden Prozessen identifiziert und die Durchführung der Veränderung begleitet werden (International Group of Controlling, 2017, S. 49–50).

Projektcontrolling
Durch das Projektcontrolling soll das Management bei der Auswahl und Steuerung von Projekten unterstützt werden (International Group of Controlling, 2017, S. 52). Das Ziel hierbei ist insbesondere die Überprüfung und die Sicherstellung der Wirtschaftlichkeit von Projekten und die Überwachung der Auswirkungen auf das gesamte Unternehmen. Es wird überprüft, ob das jeweilige Projekt die festgelegten Zeit- und Kostenziele einhält (International Group of Controlling, 2017, S. 52). Das Projektcontrolling muss daher in allen Phasen des Projektes stattfinden (Schreckeneder, 2010, S. 54). In der Planungsphase werden die Soll-Werte definiert und die Ziele bestimmt, wohingegen in der Durchführungsphase, die Ziele in Bezug auf deren Einhaltung überwacht werden. Gegebenenfalls müssen hier entsprechende Gegenmaßnahmen definiert werden, um die Zielerreichung des Projektes sicherzustellen. In der Abschlussphase werden die erlangten Daten, sowie Maßnahmen dokumentiert und entsprechende Projektberichte erstellt (Schreckeneder, 2010, S. 54).

Risikocontrolling
Das Risikocontrolling verfolgt das Ziel die langfristige Existenz des Unternehmens sicherzustellen (International Group of Controlling, 2017, S. 54). Hierbei geht es insbesondere um die Schaffung von Transparenz und um den bewussten Umgang mit Chancen und Risiken. Im Risikocontrolling sollen Chancen und Risiken frühzeitig identifiziert werden, wodurch entsprechende Maßnahmen, die

sich positiv auf das Unternehmen auswirken, eingeleitet werden können (International Group of Controlling, 2017, S. 54). Durch die herrschende VUCA-Welt kündigen sich Risiken in der Regel nicht weit im Voraus an, sondern erscheinen meist unerwartet und haben immer größere Auswirkungen (Wiltinger et al., 2022, S. 237). Daher ist es für jedes Unternehmen unerlässlich und gleichzeitig Aufgabe des Risikocontrollings, sich mit den bestehenden und möglichen Risiken auseinanderzusetzen und deren Einfluss auf das Unternehmen abzuschätzen (Wiltinger et al., 2022, S. 237).

Datenmanagement
In Bezug auf das Datenmanagement ist es die Aufgabe des Controllings sicherzustellen, dass alle relevanten Informationen für die Zielfindung, Planung und Steuerung in der geforderten Qualität zur Verfügung stehen (International Group of Controlling, 2017, S. 57). Um eine ausreichende Datenqualität zu erreichen, ist es besonders wichtig, dass die Daten konsistent, präzise, sowie vollständig sind. Hierbei ist es unerlässlich, dass die Daten regelmäßig überprüft und gegebenenfalls ausgebessert werden (Emler et al., 2023, S. 30). Somit beinhaltet das Datenmanagement die Aufgaben der Datenbeschaffung, der Datenaufbereitung sowie der Datenintegration (Langmann, 2019, S. 8). Zusammenfassend kann Datenmanagement auch als Strukturierung aller relevanten Daten beschrieben werden (Kirchberg & Müller, 2016, S. 83).

Weiterentwicklung von Organisation, Prozessen, Instrumenten und Systemen
Bei diesem Prozess geht es um die kontinuierliche Weiterentwicklung von bereits bestehenden Controlling-Prozessen, -Instrumenten und -Systemen, damit die Effizienz und Effektivität permanent sichergestellt werden können (International Group of Controlling, 2017, S. 60–61). Hierzu müssen notwendige Veränderungen identifiziert und während der Umsetzung überwacht werden. Außerdem steht hier auch die Weiterentwicklung der Kompetenzen der Controller im Mittelpunkt, damit sie den aktuellen und zukünftigen Herausforderungen gerecht werden (International Group of Controlling, 2017, S. 60–61).

Analytics
Im Controlling-Prozessmodell 2.0 wird Analytics als Teil der Controlling-Prozesse angesehen, aber nicht als eigenständiger Prozess (International Group of Controlling, 2017, S. 25–26). Analytics kann als Unterstützung im gesamten Kreislauf betrachtet werden und kann je nach Unternehmen in den verschiedenen Hauptprozessen des Controllings eingesetzt werden. Bspw. können Analytics

2.1 Grundlagen des Controllings

zur Forecast Erstellung genutzt werden oder für Szenario- und Simulationsmodelle herangezogen werden. Insbesondere in Bezug auf Planung und Reporting wird bei den Unternehmen ein großer Handlungsbedarf gesehen. Die verfügbaren Planungsinstrumente liefern in den Unternehmen in der Regel zwar relativ genaue Ergebnisse, allerdings wird der hierbei enorm hohe Ressourceneinsatz kritisch hervorgehoben (International Group of Controlling, 2017, S. 25–26). In den Abschn. 2.2 und 2.3 wird das Thema Analytics näher beleuchtet und dargestellt, wie Analytics im Controlling eingesetzt werden kann.

Zusammenfassend kann festgehalten werden, dass die Rolle des Controllings im Unternehmen eine Vielzahl an Aufgaben beinhaltet. Bspw. muss das Controlling die unterschiedlichen Unternehmensbereiche in finanziellen Fragestellungen unterstützen und mit diesen interagieren (International Group of Controlling, 2017, S. 21). Nach der DIN-SPEC 1086 ist das Controlling für den gesamten Prozess der betriebswirtschaftlichen Zielfindung, Planung und Steuerung verantwortlich (ICV & IGC, 2009, S. 5). Wie aus allen zuvor aufgeführten Quellen und der Darstellung des Controlling-Prozessmodells 2.0 hervorgeht, kann sicherlich festgehalten werden, dass das Controlling mit all seinen Aufgaben und Prozessen hauptsächlich das Management in der Entscheidungsfindung und Existenzsicherung des Unternehmens unterstützt (Emler et al., 2023, S. 35). Das Controlling ist für die transparente Darstellung der Ergebnisse sowie für die Identifikation von Chancen und Risiken verantwortlich (Emler et al., 2023, S. 27). Des Weiteren soll das Controlling die Ziele überwachen und die Einhaltung von Plänen anhand von Abweichungsanalysen sicherstellen (International Group of Controlling, 2017, S. 16). Somit erbringt das Controlling zusammenfassend eine Führungsunterstützung des Managements und ist sicherlich auch dafür verantwortlich, im Unternehmen das Verständnis für die VUCA-Welt zu fördern, indem es die relevanten Informationen adressatengerecht aufbereitet (Hilbert, 2024, S. 25). Um ein Verständnis dafür zu bekommen mit welchen vielfältigen Themen sich der Controller zurzeit beschäftigt, wird im folgenden Kapitel auf ausgewählte aktuelle Themen im Controlling eingegangen.

2.1.3 Aktuelle Themen im Controlling

Wie bereits im vorigen Kapitel erläutert, ist das Controlling für eine Vielzahl an Aufgaben im Unternehmen zuständig. Um einordnen zu können mit welchen vielfältigen Themen sich der Controller zurzeit befasst, geht dieses Kapitel zunächst auf generelle aktuelle Themen im Controlling sowie deren Auswirkungen auf die Controller und das Controlling, ein. Danach wird explizit ein aktuelles Thema im

Bereich Forecasting aufgegriffen, um die Grundlage und die Überleitung für die folgenden Kapitel zu bilden. Hierbei muss berücksichtigt werden, dass es sich bei den aufgeführten Themen lediglich um eine Auswahl aktueller Themen handelt, wobei an dieser Stelle kein Anspruch auf Vollständigkeit erhoben werden kann, da dies den Rahmen dieser Arbeit übersteigen würde.

Um in der heutigen volatilen, unsicheren, komplexen und mehrdeutigen Umwelt[1] erfolgreich agieren zu können, muss sich das Controlling mit vielfältigen Themen beschäftigen und sich auf eine herausfordernde Zukunft vorbereiten (Eisl et al., 2023, S. 42–43). Bspw. muss sich der Controller in Zeiten von Krisen wie jene, die durch Corona oder den Ukraine Krieg ausgelöst wurden, zunehmend als Krisenmanager beweisen. Dies beinhaltet eine Vielzahl von anspruchsvollen Themen, mit denen sich der Controller auseinandersetzen muss, um seinen Job erfolgreich ausüben zu können. Hoher Anpassungsbedarf im Aufgabenbereich des Controllers ergibt sich allerdings auch durch die zunehmende Digitalisierung (Eisl et al., 2023, S. 42–43). Hierbei wird im Folgenden unter Digitalisierung auch die Nutzung von KI verstanden. Für die Digitalisierung existiert derzeit keine allgemeingültige Definition (Jacob, 2019, S. 2). Da sich diese Arbeit hauptsächlich auf den Einsatz von PA im Controlling bezieht, soll an dieser Stelle der Definitionsansatz genutzt werden, der unter Digitalisierung eine Form der Automatisierung versteht, die durch verschiedene Technologien ermöglicht wird (Jacob, 2019, S. 2). Für das Controlling werden im Rahmen der Digitalisierung und in Bezug auf die Automatisierung häufig die Begriffe Big Data, Machine Learning[2], RPA[3] und Business Analytics[4] verwendet (Langmann, 2019, S. 5). Betrachtet man nun die im vorigen Abschnitt erläuterten Prozesse des IGC Controlling-Prozessmodell 2.0 kann festgehalten werden, dass sich die Digitalisierung prinzipiell auf alle Controlling Prozesse auswirkt, jedoch in Bezug auf die Häufigkeit und Intensität je nach Prozess variieren kann (Langmann, 2019, S. 10). So ist in Bezug auf die kurzfristige Planung mit Budgetierung und Forecast sowie auf das Reporting und die Kostenrechnung eine besonders hohe Intensität der Digitalisierungsmöglichkeiten zu erkennen (Kirchberg & Müller, 2016, S. 91–92). Hier können bspw.

---

[1] Häufig bekannt unter der Abkürzung VUCA.

[2] Machine Learning lernt aus vergangenen Daten und Erfahrungen, um sich rechnergestützt weiterzuentwickeln. Durch selbstlernende Algorithmen werden Vorhersagen erstellt (Zhou, 2021, S. 2).

[3] Bei RPA handelt es sich um eine Technologie, die bei einzelnen Prozessschritten, anhand von virtuellen Robots, die menschlichen Interaktionen nachahmt und damit die Prozessschritte automatisiert (Koch & Fedtke, 2020, S. 2).

[4] Die Inhalte von Business Analytics werden im Abschn. 2.2.2 näher erläutert.

2.1 Grundlagen des Controllings

im Bereich der operativen Planung PA eingesetzt werden, um den Planungsaufwand zu reduzieren und größere Datenmengen mit einzubeziehen (Kirchberg & Müller, 2016, S. 91–92). Durch den Einsatz von PA können bisher unzugängliche Daten mit in die Analyse einbezogen werden, was wiederum eine Vielzahl neuer Erkenntnisse verspricht (Schäffer & Weber, 2017, S. 58). Allerdings ist hierbei die Voraussetzung, dass das immer weiter steigende Datenvolumen im unternehmensspezifischen Informationsversorgungssystem strukturiert, sicher verwahrt und zugänglich ist (Nobach, 2019, S. 253–254). Im Bereich Reporting kann durch die Digitalisierung bspw. der Reporting Prozess deutlich schneller durchgeführt werden und ein sogenanntes Real-Time Reporting[5] erreicht werden (Kirchberg & Müller, 2016, S. 93). Hierdurch kann die Effizienz in Form von verkürzten Reportingzyklen gesteigert werden (Tröbs & Mengen, 2018, S. 37).

Die eben beschriebenen Umsetzungsmöglichkeiten der Digitalisierung wirken sich zum einen auf das Controlling, aber zum anderen auch auf die Controller aus (Schäffer & Weber, 2017, S. 57). Um die Digitalisierung erfolgreich umsetzen zu können, muss als Voraussetzung eine sehr hohe Datenqualität gewährleistet werden. Die dadurch erforderliche Qualitätssicherung der Daten wird zu einer notwendigen Daueraufgabe, welche für die betroffenen Daten fest im Controlling verankert werden sollte (Schäffer & Weber, 2017, S. 57). Die Digitalisierung bringt für die Controller viele Veränderungen mit sich (Becker et al., 2018, S. 85). Für die Mitarbeiter im Controlling bedeutet die Digitalisierung, dass sich die Aufgaben und damit das Anforderungsprofil der Controller verändert. Die Controller müssen neben den bisherigen Tätigkeiten, welche sich je nach Unternehmen unterscheiden können (Becker et al., 2018, S. 85), zudem technische, statistische und fachübergreifende Kenntnisse aufweisen bzw. erlernen (Keimer & Egle, 2020, S. 12). Damit geht einher, dass die Digitalisierung die Aufgaben der Controller nachhaltig verändern wird (Nobach, 2019, S. 262–263). Hierbei ist es notwendig die Herausforderung anzunehmen und sich neuen Technologien und der höheren Veränderungsgeschwindigkeit anzupassen. Denn durch die Automatisierung und Digitalisierung kann die notwendige Kapazität geschaffen werden, um die Unternehmensführung aktiv bei der Steuerung und Ausrichtung des Unternehmens unterstützen zu können. Die Controller müssen somit eine grundlegende Bereitschaft für Veränderungen aufzeigen, sowie verschiedene neue Kompetenzen erlernen (Nobach, 2019, S. 262–263). Durch die Digitalisierung verändert sich das Kompetenzprofil, sodass bestimmte Fähigkeiten nicht mehr benötigt werden und gleichzeitig neue Fähigkeiten erlernt werden müssen (Schäffer &

---

[5] Real-Time Reporting bedeutet, dass immer die aktuellsten Daten für die Echtzeit-Datenanalyse zur Verfügung stehen (Grünwald, 2021).

Weber, 2017, S. 59). Es ist zudem im Rahmen der Digitalisierung erforderlich, dass sich das Mindset im Controlling ändert. Controller sollten erlernen wie sie auf Veränderungen reagieren können und offen für Fehler sein, um aus diesen Fehlern lernen zu können (Schäffer & Weber, 2017, S. 59). Des Weiteren muss im Unternehmen generell ein „Digital Mindset" aufgebaut werden, welches das Potenzial der Digitalisierung erkennt und versteht (Kirchberg & Müller, 2016, S. 95). Obwohl die Analyseprogramme umfangreiche Auswertungen liefern, sollten diese jedoch immer von einem Controller mit entsprechenden Kenntnissen hinterfragt und validiert werden (Keimer & Egle, 2020, S. 12). Die freien Kapazitäten, die durch die Digitalisierung entstehen, sollten sich zukünftig im Rahmen der Planung mehr mit Szenarien sowie disruptiven Veränderungen beschäftigen (Wolf & Heidlmayer, 2022, S. 11).

Allgemein kann festgehalten werden, dass die Steuerung eines Unternehmens im Rahmen der Digitalisierung flexibler, weniger zeitintensiv und somit effizienter gestaltet werden muss (Schäffer & Weber, 2017, S. 57). Des Weiteren werden sich durch die Digitalisierung die Tätigkeiten im Controlling sowie die dazu notwendigen Fähigkeiten verändern (Guggemos, 2023, S. 46). In Bezug auf die Aufgaben der Controller kann festgehalten werden, dass durch die Digitalisierung die repetitiven Tätigkeiten abnehmen werden, wodurch die Controller mehr Fokus auf ihre Rolle als Business Partner legen können (Schneider, 2022, S. 70).

Auch das Thema Nachhaltigkeit gewinnt im Controlling an Bedeutung (Eisl et al., 2023, S. 44). Allgemein kann unter dem Begriff Nachhaltigkeit das Bestreben von nachhaltigem Wirtschaften verstanden werden, wobei es darum geht die Existenz folgender Generationen zu sichern und deren Lebensqualität, im Vergleich zur jetzigen Generation, nicht zu verringern (Colsman, 2016, S. 8). Für Unternehmen bedeutet das gesteigerte Nachhaltigkeitsbewusstsein der Bevölkerung, dass die Unternehmensprozesse so gestaltet werden müssen, dass die Umweltbelastung so gering wie möglich ist und der Ressourcenverbrauch reduziert wird (Sailer, 2020, S. 23). In der Regel wird Nachhaltigkeit in die ökonomische, die ökologische und die gesellschaftliche Dimension unterteilt (Colsman, 2016, S. 8–9). Bei der ökonomischen Dimension geht es um die Frage, wie das Unternehmen einen langfristigen finanziellen Wertzuwachs erreichen kann, wohingegen die ökologische Dimension die Frage berücksichtigt, wie die Umweltbelastungen, die durch unternehmerisches Handeln entstehen, minimiert werden können. Die gesellschaftliche Dimension beschäftigt sich mit dem Bereich, wie die negativen Auswirkungen unternehmerischen Handelns auf die Gesellschaft minimiert werden können. Des Weiteren sollen durch unternehmerisches Handeln positive Auswirkungen erzielt werden können, um einen gesellschaftlichen Wertzuwachs zu generieren (Colsman, 2016, S. 8–9). Das

Nachhaltigkeitsmanagement wird in der Regel je nach Unternehmen individuell ausgestaltet (Colsman, 2016, S. 41–42). In einigen Unternehmen gibt es extra entwickelte Nachhaltigkeitsabteilungen, wohingegen in anderen Unternehmen die Nachhaltigkeitsarbeit von bereits bestehenden Abteilungen abgedeckt wird. Dennoch gibt es einige Gründe dafür, dass das Thema Nachhaltigkeit im Controlling angesiedelt wird bzw. dass das Controlling in Nachhaltigkeitsthemen einbezogen wird. Nachhaltigkeit sollte nicht als ein separates Thema angesehen werden, sondern als Teil aller einzelnen Schritte entlang der Wertschöpfungskette im Unternehmen. In der Regel hat das Controlling den besten Überblick über den Wertschöpfungsprozess im Unternehmen und sollte daher in die Thematik involviert werden (Colsman, 2016, S. 41–42). Wichtig zu verstehen ist, dass es beim Nachhaltigkeitscontrolling nicht um das Controlling einzelner Nachhaltigkeitsprojekte wie bspw. die Einführung regenerativer Energien geht, denn dies ist im Projektcontrolling anzusiedeln (Colsman, 2016, S. 45–49). Unter Nachhaltigkeitscontrolling sollte eher die Weiterentwicklung des Controllings verstanden werden, um trotz der Nachhaltigkeitsherausforderungen, das Unternehmen zielgerichtet steuern zu können. Hierbei geht es insbesondere um die Informationsaufbereitung zur Vorbereitung der zu treffenden Entscheidungen. In Bezug auf Nachhaltigkeit müssen im Controlling die Chancen und Risiken abgewogen und Methoden gefunden werden, um die Nachhaltigkeitsaspekte zu quantifizieren bzw. beurteilbar zu machen. Hierzu müssen entsprechende Kennzahlen entwickelt und implementiert werden. Das Nachhaltigkeitscontrolling sollte in Bezug auf die Umsetzung nachhaltiger Aspekte als strategischer Berater agieren. Dabei ist festzustellen, dass im Controlling zunehmend nicht quantifizierbare Faktoren eine Rolle spielen, welche berücksichtigt werden müssen. Hierdurch liegt der Fokus auf der Überprüfung der Werthaltigkeit nachhaltiger Unternehmensstrategien und der daraus folgenden Maßnahmen (Colsman, 2016, S. 45–49). Sicherlich existieren noch viele weitere Details zum Nachhaltigkeitscontrolling, worauf an dieser Stelle allerdings nicht weiter eingegangen werden soll, da der Fokus dieser Arbeit im Bereich der Digitalisierung liegt. Auch allgemein gesehen existieren im Controlling noch viele weitere aktuelle Themen, wie bspw. agiles Controlling (Feichtinger, 2023), Beyond Budgeting (Radonić, 2018, Nguyen et al., 2018) oder Data Driven Controlling (Gleich, 2023), auf die an dieser Stelle nicht weiter eingegangen werden soll. Im folgenden Abschnitt wird auf ein aktuelles Thema speziell im Bereich Forecasting eingegangen, wodurch die Überleitung zu den folgenden Kapiteln gebildet wird.

Aufgrund der VUCA-Welt, in der Unternehmen agieren, steht die agile und effiziente Unternehmenssteuerung immer mehr im Fokus (Eisl et al., 2023, S. 44). Durch die herrschenden Unsicherheiten verlieren erstellte Planungen und Budgets sehr schnell ihre Gültigkeit, weshalb Berechnungen, die sich sehr schnell an veränderte Bedingungen anpassen können, stark an Bedeutung gewinnen (Eisl et al., 2023, S. 44). Bereits 2019, noch vor Beginn der Corona Krise und des Ukraine Krieges, wurde darauf hingewiesen, dass die Planungs- und Forecast Prozesse in den Unternehmen sehr ressourcenintensiv sind und daher verschlankt und flexibler gestaltet werden sollten (Nobach, 2019, S. 253). Hierzu sollten die Prozesse zunehmend automatisiert werden. Um den Automatisierungsgrad im Controlling zu erhöhen, kann PA während des Forecasts zum Einsatz kommen (Nobach, 2019, S. 253). Dies führt dazu, dass Forecasts deutlich schneller und flexibler erstellt werden können (Wolf & Heidlmayer, 2022, S. 11). Aus der Praxis lässt sich nicht nur erkennen, dass der Aufwand der manuellen Planung oftmals zu viel Zeit in Anspruch nimmt, sondern auch die verlangte Vorhersagegenauigkeit nicht erreicht werden kann (Jäkel & Muntermann, 2023, S. 4). Um Forecasts für eine erfolgreiche Unternehmensplanung und dadurch zur Generierung von Wettbewerbsvorteilen nutzen zu können, müssen die Forecasts verlässliche sowie möglichst präzise Werte liefern (Anton & Wang, 2023, S. 166). Um möglichst genaue Prognosen erzielen zu können, muss allerdings die Verfügbarkeit, die Qualität und die Aktualität der relevanten Daten gewährleistet sein (Anton & Wang, 2023, S. 169). Dies führt in vielen Unternehmen oftmals zu manuellen Arbeitsschritten und großen Herausforderungen (Anton & Wang, 2023, S. 169). Aufgrund der eben aufgeführten Gründe ist beim Thema Forecasting, durch die Unterstützung der Digitalisierung, ein deutlicher Wandel erkennbar. In der Vergangenheit stützten sich Forecasts hauptsächlich auf die subjektiven Erwartungen und Einschätzungen der jeweiligen Controller und des Managements, wohingegen gegenwärtig eine erhebliche Tendenz in Richtung PA, welche auf mathematischen und statistischen Prognosemodellen aufbauen, erkannt werden kann (Eisl et al., 2023, S. 44). Viele Unternehmen sind bestrebt ihre Forecasts zu verbessern, was mit dem Einsatz von PA gelingen kann (Weber & Schäffer, 2022, S. 328), da die Prognosen datenfundiert und exakter erstellt werden (Thaller et al., 2022, S. 366). Außerdem können durch die exponentiell wachsende Datenmenge und verbesserte Rechenleistung bei dem Einsatz von PA mehr Faktoren in die Analyse einbezogen werden (Keimer & Egle, 2020, S. 11). Die Einführung, Weiterentwicklung sowie Nutzung von PA-Modellen stellt somit auf Dauer einen strategischen Wettbewerbsvorteil für die Unternehmen dar (Mayr, 2022, S. 116). Die Bedeutung der manuell erstellten Forecasts wird in der Zukunft deutlich abnehmen, wodurch der Aufwand für den Forecast Erstellungsprozess, durch den voranschreitenden Automatisierungsgrad sinken wird (Nobach, 2019, S. 259). Durch den steigenden Einsatz von PA werden zukünftig weniger Ressourcen während des Forecast Prozesses gebunden sein, da der Großteil der Prognosen automatisch generiert werden kann und vom jeweiligen Controller nur noch validiert werden muss (Nobach, 2019, S. 259). Somit sollen durch PA erstellte Forecasts einen Startpunkt für relevante Analysen bilden, wohingegen jährliche Steuerungszyklen, sowie vergangenheitsorientierte Auswertungen immer mehr an Bedeutung verlieren werden (Wolf & Heidlmayer, 2022, S. 11). Die dadurch verfügbaren Ressourcen sind allerdings notwendig, um auf besondere Ereignisse reagieren zu können, da der durch PA genutzte Algorithmus die Vergangenheit fortschreibt und damit auf einmalige, neue Ereignisse nicht adäquat reagieren kann (Nobach, 2019, S. 259). Bei der Erstellung des Forecasts muss somit immer berücksichtigt werden, dass es in der Praxis häufiger Unsicherheiten und Änderungen von Strukturen gibt, wodurch ein Fortschreiben der historischen Muster problematisch ist (Weber & Schäffer, 2022, S. 281–282). Für die Gestaltung des Forecasts sollte somit ein optimiertes Zusammenspiel zwischen der Fortschreibung historischer Muster und der Einarbeitung neuer, aktueller Erkenntnisse erfolgen und abgestimmt werden (Weber & Schäffer, 2022, S. 281–282). Hier sollten sich die Controller unbedingt einbringen, da sie die bisherigen Prozesse am besten kennen und die ermittelten Werte adäquat einschätzen können, denn eine Kernkompetenz der Controller ist es, Zahlen in wirtschaftliche Realität zu übersetzen und umgekehrt (Schäffer & Weber, 2017, S. 57–58). Die mit PA verbundenen technischen Aufgaben werden in der Regel von Data Scientists[6] durchgeführt, welche die Controller jedoch nicht ersetzen können (Nobach, 2019, S. 262). Auch im Bereich Forecast gibt es eine Vielzahl weiterer Themen, auf die an dieser Stelle aufgrund des Umfangs aber nicht weiter eingegangen wird. In den folgenden Abschnitten wird der Einsatz von PA im Controlling zur Erstellung von Forecasts genauer betrachtet. Hierzu soll zunächst auf die Grundlagen von PA eingegangen werden.

---

[6] Data Scientists modellieren große Datenmengen durch den Einsatz verschiedener Verfahren, damit daraus Handlungsempfehlungen für Unternehmen abgeleitet werden können (SAS Institute, n.d.).

2.2 Predictive Analytics

Um den Einsatz von PA im Controlling zur Forecast Erstellung besser einordnen zu können, wird im folgenden Kapitel PA näher beschrieben. Hierbei bezieht sich der erste Teil des Kapitels auf die theoretischen Grundlagen von PA, wohingegen der zweite Teil des Kapitels PA im Bereich Business Analytics einordnet und eine Abgrenzung zu BI herstellt.

2.2.1 Theoretische Grundlagen

Zu Beginn soll die Definition von PA aus dem Gartner Glossary betrachtet werden, wodurch deutlich wird, dass sich PA mit der Zukunft befasst und verschiedene Methoden nutzt, um aus Daten Vorhersagen für die Zukunft zu erstellen: "Predictive Analytics is a form of advanced analytics which examines data or content to answer the question "What is going to happen?" or more precisely, "What is likely to happen?", and is characterized by techniques such as regression analysis, forecasting, multivariate statistics, pattern matching, predictive modeling, and forecasting" (Gartner, 2024b). King definiert PA wie folgt: "Predictive Analytics nutzt eine Vielzahl an statistischen Techniken wie analytische Modellierung und Data Mining[7], um aus aktuellen und historischen Daten Zukunftsvorhersagen abzuleiten" (2014, S. 39–40). PA basiert somit prinzipiell auf der Frage "Was könnte/wird geschehen?" und wird als ein zukunftsbezogener Teilbereich von Business Analytics angesehen (Cleve & Lämmel, 2020, S. 12), was auch aus der Definition von Business Analytics aus dem Gartner Glossary hervorgeht: "Business analytics is comprised of solutions used to build analysis models and simulations to create scenarios, understand realities and predict future states. Business analytics includes data mining, predictive analytics, applied analytics and statistics, and is delivered as an application suitable for a business user." (Gartner, 2024a). Unter Business Analytics wird somit die Gewinnung von Informationen aus unterschiedlichsten Datenquellen verstanden, um aus diesen Daten Managemententscheidungen abzuleiten (Jäkel & Muntermann, 2023, S. 6). Das Ziel von Business Analytics ist es Unternehmen zu befähigen, schneller und besser intelligentere Unternehmensentscheidungen zu treffen und damit Wettbewerbsvorteile zu generieren (Lepenioti et al., 2020, S. 57). Konkretisiert man dieses Ziel weiter, bedeutet dies, dass das Ziel von Business Analytics die

---

[7] Bei Data Mining geht es um das Sammeln, Aufarbeiten und Analysieren von Daten, um aus diesen Daten hilfreiche Erkenntnisse zu generieren (Aggarwal, 2015, S. 1).

2.2 Predictive Analytics

Lösung betriebswirtschaftlicher Probleme auf Basis von begründeten und objektiven Einsichten ist (Seiter, 2023, S. 2). Die hierzu benötigten Evidenzen werden mittels Algorithmen aus den unterschiedlichen Datenquellen gewonnen (Seiter, 2023, S. 2). Der Einsatz von Business Analytics schafft neue Möglichkeiten, um bisher unbekannte Zusammenhänge zu entdecken und zahlenbasiert abzubilden. Hierdurch kann eine neue Basis zur Entscheidungsfindung geschaffen werden (Nobach, 2019, S. 267). In Bezug auf PA können allgemein gesehen, Muster, sowie Zusammenhänge in historischen Daten erkannt werden und dadurch Vorhersagen für zukünftige Entwicklungen getroffen werden. Es handelt sich hierbei um quantitative, sowie statistische Ansätze (Nobach, 2019, S. 259). PA beruht zudem auf maschinellem Lernen, welches eine Technik der KI abbildet (Anton & Wang, 2023, S. 166–167). Durch maschinelles Lernen werden die zugrundeliegenden Daten genauestens analysiert und durch die Anwendung von Algorithmen aus diesen Daten Erkenntnisse gewonnen (Anton & Wang, 2023, S. 166–167). Prinzipiell geht es bei maschinellem Lernen darum, dass die Modelle aus Daten automatisch lernen und sich anhand von Erfahrungen verbessern, ohne individuell programmiert zu werden und ohne menschliches Eingreifen (Moubariki et al., 2019, S. 2). Außerdem wird PA häufig im Zusammenhang mit Data Mining genannt, da es Prognoseverfahren betrachtet, was wiederum Techniken des Data Minings und der Statistik benötigt (Cleve & Lämmel, 2020, S. 12). Data Mining ermöglicht eine ausführliche Datenanalyse und beinhaltet die Möglichkeit PA-Modelle zu erstellen (Chaudhuri et al., 2011, S. 97).

PA-Modelle können in Unternehmen vielseitig und in nahezu allen Bereichen eingesetzt werden. Beispiele hierfür sind die Beschaffungsplanung, Vertriebsplanung, Personal- und Qualitätsmanagement, sowie die Unternehmens- und Finanzplanung (Schön, 2022, S. 481). Der Einsatz von PA kann die bisherigen manuellen Planungs- und Reportingaufgaben unterstützen und zudem ergänzen, insbesondere wenn eine große Datenmenge für die Analyse zur Verfügung steht (Schön, 2022, S. 498). In der heutigen Zeit stehen den Unternehmen viele Daten zur Verfügung, die nützliche Informationen liefern können (Schön, 2022, S. 622). Das Internet als vielfältige Datenquelle für externe Daten ist hierfür nur ein Beispiel. Die manuelle Prognoseerstellung ist aufgrund der Vielzahl an zur Verfügung stehenden Daten mit hohem Aufwand verbunden. Den Unternehmen muss es also durch den Einsatz von PA gelingen, aus der Vielzahl von Daten Muster, Zusammenhänge, sowie Trends zu erkennen, um verbesserte Prognosen für die Zukunft zu erstellen (Schön, 2022, S. 622). Mittels PA werden durch statistische Modelle, Muster aus der Vergangenheit aufgedeckt. Ziel hierbei ist es, durch die erkannten Muster, Approximation und Extrapolation kombiniert mit

Techniken wie bspw. neuronale Netze[8], Entscheidungsbäume[9] oder Algorithmen Modelle zu bilden, durch die historische Datenmengen durchsucht und hilfreiche Erkenntnisse herausgefiltert werden (Hecht & Scherrer, 2020, S. 93–95). Durch diese Erkenntnisse können Rückschlüsse auf zukünftige Entwicklungen geschlossen werden (Hecht & Scherrer, 2020, S. 93–95). Neuronale Netze sind eine Methodik des maschinellen Lernens, die bei der Vorhersageerstellung mittels PA eingesetzt werden kann. Die Nutzung neuronaler Netze bringt Vorteile bzgl. Abbildbarkeit von komplexen und nicht linearen Zusammenhängen mit sich, wodurch allerdings die Transparenz der Zusammensetzung des Vorhersagewertes verloren geht. (Jäkel & Muntermann, 2023, S. 7). Als ein weiteres Beispiel für die zugrundeliegende Methodik kann hier die lineare Regressionsanalyse[10] genannt werden, welche auf Basis vergangener Daten, zukünftige Werte berechnet (Schön, 2022, S. 266). Als weitere Methoden der Statistik werden bspw. die additive Regression[11], sowie die autoregressiven Modelle[12] verstanden (Weytjens et al., 2021, S. 17). Eine relativ einfache Methode stellt der Weighted Moving Average dar, der zur Forecast Erstellung genutzt werden kann. Der Weighted Moving Average gewichtet in der Regel nahe in der Vergangenheit liegende Perioden stärker, als Perioden die bereits weiter in der Vergangenheit zurückliegen (Weytjens et al., 2021, S. 17). Durch das ARIMA Modell können Zeitreihen beschrieben und analysiert werden (Litzel & Luber, 2020). Hierzu verbindet es Autoregressive Prozesse (AR) und Moving Average Prozesse (MA). Der autoregressive Teil erstellt durch den Einsatz von linearen Beschreibungen, Vorhersagen auf Basis vergangener Daten. Wohingegen der Moving Average Prozess die vergangenen Vorhersagefehler berücksichtigt, um einen zukünftigen Wert zu prognostizieren (Litzel & Luber, 2020). Das ARIMA Modell zählt zu den klassischen statistischen Ansätzen, bei dem aufgrund unterschiedlicher Messgrößen entschieden

---

[8] Bei neuronalen Netzen handelt es sich um Algorithmen, die an den Aufbau des menschlichen Gehirns, sowie an das Vorgehen wie biologische Neuronen Signale senden, angelehnt sind (Wuttke, n.d.).

[9] Entscheidungsbäume können dem Bereich Data Mining zugeordnet werden und erkennen Muster, um daraus verständliche Klassifizierungs- und Regressionsmodelle zu erstellen (Barros et al., 2015, S. 7).

[10] Bei der linearen Regressionsanalyse werden die linearen Abhängigkeiten zwischen den genutzten Parametern identifiziert und für die Erstellung der Prognose genutzt (Runkler, 2020, S. 69).

[11] Die Additive Regression erkennt bisher unbekannte Zusammenhänge zwischen einer abhängigen Variablen und mehreren verschiedenen unabhängigen Variablen (Dunham, 2009, S. 126–127).

[12] Autoregressiven Modelle ermitteln zukünftige Werte einer Variablen, die linear nur von den historischen Werten der Variable abhängig sind (Rottmann, n.d.).

2.2 Predictive Analytics

wird, welche historischen Daten mit welchem Gewicht in die zu erstellende Vorhersage einfließen (Gerig, 2020, S. 231). Zudem stellt das ARIMA Modell eine Weiterentwicklung des ARMA[13] Modells dar, wobei das zusätzliche „I" für Integrated steht, wodurch das ARIMA Modell nicht nur bei Zeitreihen ohne Trends eingesetzt werden kann, sondern auch bei Zeitreihen, in denen Trends zu erkennen sind (Dadteev et al., 2020, S. 266–267). Das SARIMA Modell baut auf dem ARIMA Modell auf und berücksichtigt zusätzlich gesondert saisonale Effekte in den Zeitreihen (Dadteev et al., 2020, S. 267).

Die Abbildung 2.3 stellt eine Übersicht der verschiedenen PA-Modelle dar, wobei an dieser Stelle die drei verschiedenen Kategorien kurz beschrieben werden sollen. Auf eine detaillierte Erklärung aller darunterliegenden verschiedenen Modelle wird an dieser Stelle allerdings verzichtet. Allgemein gesehen basieren die probabilistischen Modelle auf der Wahrscheinlichkeitstheorie und darauf, dass Zufälle bei der Vorhersage von zukünftigen Ereignissen eine Rolle spielen (Statistics How To, n.d.). Bei maschinellem Lernen geht es darum, dass die Modelle ohne entsprechende Programmierung aus Daten und Erfahrungen lernen, um sich weiterzuentwickeln (SAP, n.d.). Die angewendeten Algorithmen sollen Muster in den zugrundeliegenden Daten erkennen und daraus Vorhersagen für die Zukunft ableiten (SAP, n.d.). Data Mining nutzt systematisch statistische Methoden, um daraus Erkenntnisse und Trends abzuleiten (Tableau, n.d.). Statistical Analysis wird eingesetzt, um Informationen von Daten zu gewinnen und diese zu nutzen um zukünftige Verhaltensweisen und Trends vorherzusagen (Lepenioti et al., 2020, S. 60).

Eine einzelne Literaturempfehlung für weitere Details zu den einzelnen Modellen ist aufgrund der Vielzahl der Modelle, nur schwer möglich. Daher ist als einfachster Weg zur Detailrecherche zu empfehlen, den Namen des entsprechenden Modells in eine der Internetsuchmaschinen einzugeben. Dadurch werden die Informationen zu dem jeweiligen Modell schnell ersichtlich.

---

[13] Das ARMA Modell ist eine Kombination von autoregressiven Modellen und dem gleitenden Durchschnitt. Hierbei werden neben den vergangenen Werten der Variablen, auch die vergangenen Abweichungen berücksichtigt (Keller & Walter, 2023). Das ARMA Modell kann nur bei Zeitreihen eingesetzt werden, in denen keine Trends zu erkennen sind (Litzel & Luber, 2020).

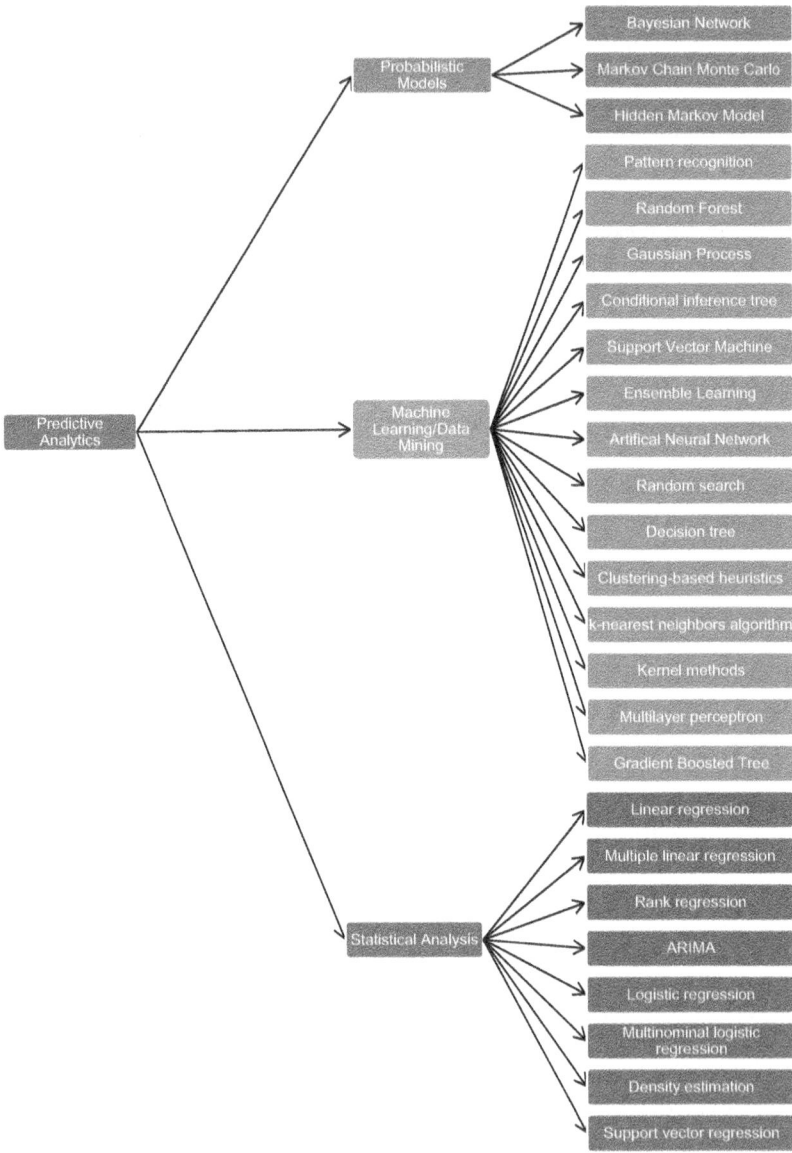

Abbildung 2.3 Kategorisierung der Predictive Analytics Methoden. (Quelle: Eigene Darstellung in Anlehnung an Lepenioti et al., 2020, S. 60)

2.2.2 Implementierung eines Predictive Analytics-Modell

Wie eben beschrieben beruhen alle Methoden auf Daten und bauen ihre Prognosewerte auf diesen Daten auf (Moubariki et al., 2019, S. 3–4). Daher ist es immens wichtig die zugrundeliegenden Daten um Sondereffekte zu bereinigen. Außerdem sollte überprüft werden, ob eine ausreichende Datenqualität zur Verfügung steht, damit genaue Prognosen mittels PA erzielt werden können. Um das passende PA-Modell für den jeweiligen Anwendungsfall zu finden, sollten verschiedene Modelle ausprobiert und das Modell mit den genausten Prognosewerten ausgewählt werden (Moubariki et al., 2019, S. 3–4). Als Unterstützung bei der Implementierung von PA können sich Unternehmen an dem CRISP-DM Modell orientieren (Ilg & Baumeister, 2020, S. 143). CRISP-DM steht für Cross Industry Standard Process for Data Mining, allerdings ist das Modell nicht nur auf Data Mining eingeschränkt, sondern eignet sich auch für PA Implementierungen (Ilg & Baumeister, 2020, S. 143). Das CRISP-DM Modell setzt sich aus sechs Phasen zusammen und beginnt mit der Phase „Business Understanding" (Wirth & Hipp, 2000, Kapitel 3 The CRISP-DM Methodology). Hierbei geht es darum, die Probleme und Anforderungen aus Sicht des jeweiligen Unternehmensbereichs zu verstehen und entsprechende Projektziele, wie bspw. die Erhöhung der Vorhersagegenauigkeit einer bestimmten Position der Gewinn- und Verlustrechnung (GuV), festzulegen. Die nächste Phase wird als „Data Understanding" bezeichnet, in welcher zum einen analysiert wird, welche Daten zur Verfügung stehen und zum anderen diese Daten gesammelt werden. Außerdem sollen in dieser Phase bereits Qualitätsprobleme erkannt sowie erste Einblicke in Zusammenhänge zwischen den Daten erlangt werden. Aus diesen Erkenntnissen können in dieser Phase bereits erste Hypothesen über bisher unbekannte Zusammenhänge abgeleitet werden. Zwischen den Phasen „Business Understanding" und „Data Understanding" herrscht eine enge Verbindung, denn um die Anforderungen vollständig verstehen zu können, werden bereits erste Einblicke in die zugrundeliegenden Daten benötigt. In der folgenden Phase „Data Preparation" geht es um die Bereinigung und Vorbereitung der Daten. Hierbei muss beachtet werden, dass diese Phase in der Regel mehrmals durchlaufen werden muss, um die Daten für die jeweiligen Modelle entsprechend aufzubereiten. Als „Modelling" wird die Phase bezeichnet, in der verschiedene in Frage kommende Modelle ausgewählt und aufgebaut werden. Hierbei sollte darauf geachtet werden, dass zu der Lösung des ursprünglichen Problems viele verschiedene Modelle getestet werden. Während des „Modelling" wird oftmals festgestellt, dass die zugrundeliegenden Daten in der „Data Preparation" Phase nicht ausreichend für das jeweilige Modell vorbereitet wurden bzw., dass während des „Modelling" neue Ideen entstehen, wie die Daten besser aufbereitet werden können. Somit besteht zwischen den Phasen „Data Preparation" und „Modelling" eine enge Verbindung. In der „Evaluation" Phase werden die zuvor ausgewählten Modelle bewertet und es wird überprüft, welches Modell sich für das zu Beginn gesetzte Ziel am besten eignet. Hierbei muss insbesondere Wert auf die Überprüfung des zu Beginn gesetzten Ziels gelegt werden, wodurch eine Verbindung zwischen der Phase „Evaluation" und „Business Understanding" besteht (Wirth & Hipp, 2000, Kapitel 3 The CRISP-DM Methodology). Die Qualität eines Modells und somit die Vorhersagegenauigkeit kann mittels eines Fehlermaßes überprüft werden (Jäkel & Muntermann, 2023, S. 8–9). Hierbei ist zu beachten, dass nicht jedes Fehlermaß auf jedes zugrundeliegende Modell angewendet werden kann. Mittels des Fehlermaßes wird die Abweichung zwischen den prognostizierten Werten und den Ist-Werten quantifiziert (Jäkel & Muntermann, 2023, S. 8–9). Es sollte nur ein Modell für die „Deployment" Phase ausgewählt werden, dass alle zu Beginn gesetzten Ziele erfüllt und das definierte Problem löst (Wirth & Hipp, 2000, Kapitel 3 The CRISP-DM Methodology). Das ausgewählte Modell wird während der „Deployment" Phase implementiert. Hierbei muss berücksichtigt werden, dass nach der Implementierung der Prozess nicht abgeschlossen ist, sondern es sich bei dem CRISP-DM Prozessmodell eher um einen Kreislauf handelt. Dies bedeutet, dass auch nach der Implementierung neue Erkenntnisse gewonnen werden können, die bspw. eine Anpassung der zugrundeliegenden Daten erfordern, um noch bessere Ergebnisse erzielen zu können. Außerdem können die gewonnen Erkenntnisse aus einem Implementierungsprojekt, auch auf andere Projekte angewendet werden (Wirth & Hipp, 2000, Kapitel 3 The CRISP-DM Methodology). Die Abbildung 2.4 zeigt das CRISP-DM Prozessmodell.

Auf das eben beschriebene CRISP-DM Prozessmodell wird im Verlauf dieser Arbeit nochmals eingegangen, um eine konkrete Handlungsempfehlung unter Berücksichtigung der erlangten Forschungsergebnisse, für die Implementierung von PA abzuleiten. Um einen vollständigen Überblick von PA zu erhalten, soll allerdings im folgenden Kapitel zunächst eine Einordnung von PA, sowie die Abgrenzung zu BI durchgeführt werden.

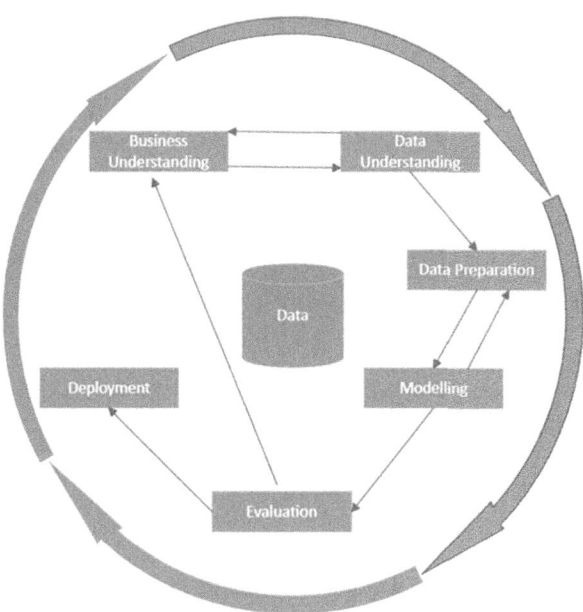

Abbildung 2.4 CRISP-DM Prozessmodell. (Quelle: Eigene Darstellung in Anlehnung an Wirth & Hipp, 2000, Kapitel 3 The CRISP-DM Methodology)

2.2.3 Einordnung und Abgrenzung zu Business Intelligence

Wie bereits im vorigen Kapitel erläutert, ist PA ein zukunftsgerichteter Teilbereich von Business Analytics und beschäftigt sich mit der Frage "Was könnte/ wird geschehen?" (Cleve & Lämmel, 2020, S. 12). Um PA besser einordnen und abgrenzen zu können, sollen die Teilbereiche von Business Analytics und die dazugehörigen Fragestellungen erläutert werden. Hierzu muss zunächst festgehalten werden, dass es in der Literatur unterschiedliche Ansichten gibt, in welche Teilbereiche Business Analytics aufzuteilen ist und wie diese benannt sind. Laut Davenport und Harris gibt es vier Analytics Formen, die anhand des Entwicklungsstand der zugrundeliegenden Technologie gemessen werden (2017, S. 19). Dies sind in aufsteigender Reihenfolge: Descriptive Analytics, PA, Prescriptive Analytics und Autonomous Analytics (2017, S. 19). Hierbei muss erwähnt werden, dass der bisherige Fokus von Unternehmen hauptsächlich auf Descriptive

Analytics und PA liegt, aber auch Prescriptive Analytics weckt nach und nach das Interesse der Unternehmen (Lepenioti et al., 2020, S. 57). Durch Descriptive Analytics (nach Davenport und Harris auch bekannt als BI) wird der Zugang zu historischen und aktuellen Daten geschaffen (Davenport & Harris, 2017, S. 19). Es wird also die Möglichkeit hergestellt, interne und externe Daten aus unterschiedlichen Quellen zu analysieren und daraus geeignete Berichte zu erstellen (Davenport & Harris, 2017, S. 19). Descriptive Analytics beschäftigt sich also mit der Frage "Was ist passiert?" und ist damit auf die Analyse der Vergangenheit ausgerichtet (Keimer & Egle, 2020, S. 11). Durch diese Analyse können Probleme und Risiken identifiziert und Möglichkeiten für das weitere Handeln definiert werden. Hierzu können bspw. Dashboards und Scorecards genutzt werden (Sharda et al., 2021, S. 67). PA hingegen nutzt quantitative Methoden und Technologien, um mit Hilfe historischer Daten die Zukunft vorherzusagen (Davenport & Harris, 2017, S. 19). Die Kernfrage lautet hier "Was wird passieren?" (Keimer & Egle, 2020, S. 11). Durch die Analyse von Daten können somit genaue Prognosen für die Zukunft erstellt werden (Sharda et al., 2021, S. 67). Die nächste Stufe ist Prescriptive Analytics, welches quantitative Methoden und Techniken nutzt, um optimale zukünftige Verhaltensweisen abzuleiten (Davenport & Harris, 2017, S. 19–20). Prescriptive Analytics beschäftigt sich also mit der Frage "Wie kann ich beeinflussen, dass etwas passiert?" (Keimer & Egle, 2020, S. 11) und leitet dadurch die optimalen Entscheidungen und Maßnahmen für das weitere unternehmerische Handeln ab. Hierzu kommen bspw. Simulationen zum Einsatz (Sharda et al., 2021, S. 67). Autonomous Analytics bildet die höchste Stufe von Business Analytics ab und nutzt KI, sowie kognitive Technologien, um Modelle zu erstellen und diese zu verbessern (Davenport & Harris, 2017, S. 20). Hierbei lernen die Modelle alleinig von den zugrundeliegenden Daten ohne menschliche Hypothesen und mit nur geringer Einbindung von menschlichen Analysten. Je weiter fortgeschritten die vom jeweiligen Unternehmen genutzte Business Analytics Art ist, desto höher ist der Wettbewerbsvorteil, den das Unternehmen durch die Nutzung erzielen kann (Davenport & Harris, 2017, S. 20). Die verschiedenen Stufen von Business Analytics und die dazugehörigen Fragestellungen werden in der Abbildung 2.5 abgebildet.

2.2 Predictive Analytics

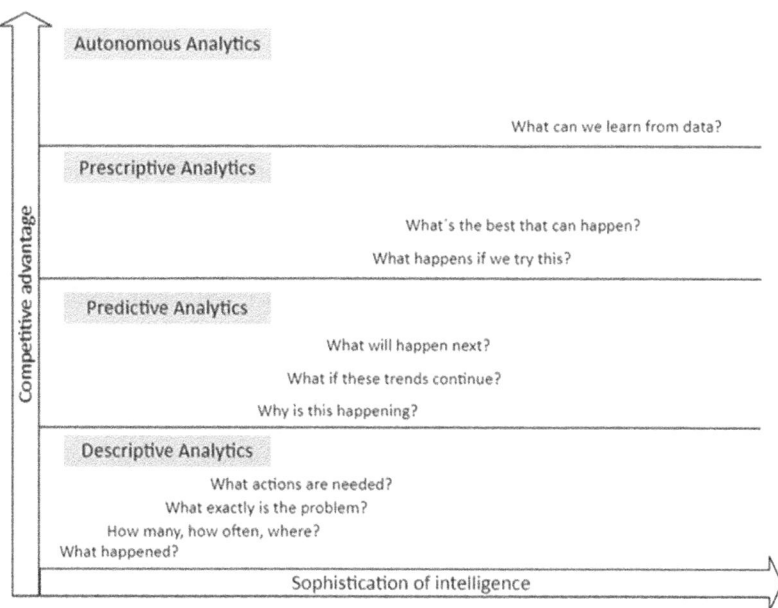

Abbildung 2.5 Ausprägungen von Business Analytics. (Quelle: Eigene Darstellung in Anlehnung an Davenport & Harris, 2017, S. 20)

Sharda et al. beschreiben Business Analytics lediglich anhand von den drei Teilbereichen Descriptive Analytics, PA und Presriptive Analytics. Autonomous Analytics wird in dieser Quelle nicht aufgeführt (2021, S. 67). Auch Krumeich et al. nennen nur Descriptive Analytics, PA, Presriptive Analytics, aber nicht Autonomous Analytics (2016, S. 277–278.). Ebenfalls Seiter versteht unter dem Begriff Business Analytics nur Descriptive Analytics, PA und Prescriptive Analytics (2023, S. 31), weshalb im weiteren Verlauf der Arbeit nicht weiter auf Autonomous Analytics eingegangen werden soll. Keimer und Egle führen neben Descriptive Analytics, PA und Prescriptive Analytics zusätzlich noch Diagnostics Analytics auf. Diagnostic Analytics beschäftigt sich mit der Frage „Warum ist etwas passiert?" und stellt damit eine Weiterentwicklung von Descriptive Analytics dar (2020b, S. 11). Betrachtet man die Abbildung 2.5, wird deutlich, dass dort die Fragestellung „Warum ist etwas passiert?" in „What exactly is the problem?" formuliert ist und im Bereich von Descriptive Analytics angesiedelt ist (2017, S. 20). Hierdurch wird, wie bereits erwähnt, nochmals deutlich, dass die

Definition und Einteilung von Business Analytics in der Literatur nicht eindeutig sind. Da sich diese Arbeit auf PA bezieht soll an dieser Stelle auf weitere Betrachtungen von Business Analytics und dessen Teilbereiche verzichtet werden. Im folgenden Abschnitt wird allerdings für das bessere Verständnis von PA eine Abgrenzung zu BI vorgenommen.

Die Abgrenzung von PA zu BI ist in der Literatur ebenfalls nicht eindeutig, was Seiter dadurch begründet, dass Business Analytics und damit PA sowie BI Begriffe sind, die stark im Wandel liegen (2023, S. 19). So sehen bspw. Davenport und Harris BI als Descriptive Analytics an (2017, S. 19). In diesem Fall weist BI eine Vergangenheitsorientierung auf und unterscheidet sich damit deutlich von PA, welches zukunftsorientiert ist (Keimer & Egle, 2020, S. 11). Sharda et al. sehen hingegen PA als Teil von BI an (2021, S. 62). Die schwierige Abgrenzung sowie der Wandel, dem die Begriffe unterliegen, ist auch bei Baars und Kemper zu erkennen. In der 4., überarbeiteten und erweiterten Auflage ihres Buchs „BI & Analytics" grenzen sie die Begriffe Business Analytics und BI nicht mehr klar voneinander ab, sondern nutzen den Begriff „BI & Analytics" (2021, S. 3), wohingegen sie in der 3. überarbeiteten und erweiterten Auflage „BI – Grundlagen und praktische Anwendungen" noch eine einzelne Definition von BI genutzt haben. Hier haben sie BI als einen integrierten, unternehmensspezifischen, IT-gestützten Ansatz zur Entscheidungsunterstützung für Manager definiert (Kemper et al., 2010, S. 1–3). Prinzipiell kann festgehalten werden, dass unter BI Anwendungen und Technologien verstanden werden, die zur Entscheidungsunterstützung beitragen und es Managern, Analysten sowie der Geschäftsführung ermöglichen, Entscheidungen schneller und qualitativ besser zu treffen (Chaudhuri et al., 2011, S. 88). Somit geht es bei BI darum, die Entscheidungen des Managements durch gesteigerte Transparenz und verbesserte Darstellungen zu verbessern (Schön, 2023, S. 39). Diese Thematik spielt sowohl bei kleinen und mittleren Unternehmen (KMU), als auch bei Großunternehmen eine Rolle (Schön, 2023, S. 39). Hierbei erhalten die BI Anwendungen die notwendigen Daten in der Regel von unterschiedlichen internen und externen Quellen (Chaudhuri et al., 2011, S. 89–90). Daher sind die Ergebnisse der BI Anwendungen stark abhängig von der Qualität der zugrundeliegenden Daten, wodurch diese zwingend regelmäßig überprüft werden müssen. Durch die Nutzung von BI können Geschäftsentscheidungen anhand der zugrundeliegenden operativen Daten getroffen werden. Als Beispiel für BI Anwendungen können visualisierte Dashboards genannt werden, in denen bspw. KPIs auf einen Blick überprüft werden können (Chaudhuri et al., 2011, S. 89–90). Somit stellt BI dem Controlling leistungsfähige Informationstechnologien zur Verfügung, um die jeweiligen Controlling Prozesse zu unterstützen (Schön, 2023, S. 39). Je nach Ansicht der Quelle kann

2.2 Predictive Analytics

BI unterschiedliche Themen beinhalten. Nach Sharda et al. handelt es sich bei BI um eine Sammlung an verschiedenen Tools, Datenquellen, Anwendungen und Methodiken, welche alle das Ziel verfolgen, Zugang zu Daten zu verschaffen, die es Managern ermöglichen adäquate Analysen durchzuführen und damit bessere Entscheidungen zu treffen (2021, S. 61). Die Definition von King ist eher allgemein gehalten: "Als BI wird eine Managementstrategie bezeichnet, die eine strukturierte und effektive Entscheidungsfindung auf Basis von Fakten ermöglichen soll" (2014, S. 37). Wohingegen Schön in seiner Definition ausführlicher ist: „BI-gestütztes Controlling ist die zielbezogene Entscheidungsunterstützung der Führungskräfte im Unternehmen und hilft dem Management bei den Aufgaben der Planung, Analyse, Steuerung sowie deren Koordination und setzt hierfür leistungsfähige Informationstechnologien im Rahmen von BI wie z. B. Data-Warehouse- und Big-Data-Technologie ein" (2022, S. 467). Trotz fehlender allgemeingültiger Definition ist aus allen vorangegangenen Definitionen zu erkennen, dass es verallgemeinert bei BI hauptsächlich um die Entscheidungsunterstützung des Managements anhand von aktuellen Daten geht, wohingegen PA, wie im vorigen Abschn. 2.2.1 ausführlich erläutert, Vorhersagen für die Zukunft erstellt (Nobach, 2019, S. 259).

Zusammenfassend kann festgehalten werden, dass der Fokus von PA auf der Erstellung von Zukunftsprognosen liegt und ein Teilbereich von Business Analytics darstellt (Cleve & Lämmel, 2020, S. 12). In der Literatur ist nicht eindeutig geklärt, in welche weiteren Teilbereiche Business Analytics aufzuteilen ist. Nach Sharda et al., Krumeich et al. und Seiter sind neben PA, Descriptive Analytics und Prescriptive Analytics die weiteren Teilbereiche von Business Analytics. PA ordnet sich in Bezug auf den zu erzielenden Wettbewerbsvorteil zwischen Descriptive Analytics und Prescriptive Analytics ein (Davenport & Harris, 2017, S. 20). In Bezug auf die Abgrenzung von BI soll für diese Arbeit die Ansicht genutzt werden, dass BI sich mit vergangenen Daten befasst und mit der anschaulichen Darstellung dieser Daten das Management bei deren Entscheidungen unterstützen soll (Chaudhuri et al., 2011, S. 89–90). PA wiederum bezieht sich auf die Zukunft und erstellt Prognosen für die Zukunft (Nobach, 2019, S. 259). Hierbei ist festzuhalten, dass auch die durch PA ermittelten Zukunftsprognosen das Management bei der Entscheidungsfindung unterstützen können (Nobach, 2019, S. 259).

2.3 Zusammenspiel von Controlling und Predictive Analytics

Das folgende Kapitel bildet den Abschluss des zweiten Kapitels und thematisiert das Zusammenspiel von Controlling und PA in Bezug auf die Erstellung von Forecasts. Hierzu wird zunächst der aktuelle Stand der Forschung beleuchtet. Im zweiten Teil sollen Praxisbeispiele den Einsatz von PA im Controlling anschaulich darstellen.

2.3.1 Aktueller Stand der Forschung

Um den aktuellen Stand der Forschung in Bezug auf das Zusammenspiel von Controlling und PA abbilden zu können, wird im folgenden Kapitel eine bereits durchgeführte Studie thematisiert und deren Ergebnisse zusammengefasst. Zusätzlich sollen aktuelle Publikationen aus den Jahren 2023 und 2024 berücksichtigt werden, um den aktuellen Stand der Forschung differenziert betrachten zu können.

Im Jahr 2022 wurde von BARC eine Studie durchgeführt, die den aktuellen Stand zur Nutzung von Predictive Planning und Forecasting untersuchte (Fuchs & Tischler, 2022). Hierbei sollten insbesondere das Potenzial von Predictive Planning und Forecasting, der erreichte und geplante Nutzen, mögliche Anwendungsfälle, sowie Herausforderungen und Chancen untersucht werden. Als Forschungsfragen der Studie wurde folgendes formuliert: „Hebt Predictive Planning and Forecasting die Unternehmensplanung auch in der Realität auf die nächste Stufe und stiftet Nutzen?" und „Oder sind die vollmundigen Versprechen überzogener Hype und der Einsatz ist in der Praxis immer noch vergleichsweise selten?". Die Autoren verstehen unter Predictive Planning den Einsatz von Analysemodellen auf Basis statistischer Methoden und Machine Learning in der Unternehmensplanung. Die Studie zeigte, dass von 271 befragten Unternehmen 27 % der Unternehmen Predictive Planning bereits einsetzen und weitere 17 % sich in der Entwicklungs- bzw. Einführungsphase befinden. Bei den großen Unternehmen wird Predictive Planning bereits von 35 % eingesetzt, was laut den Autoren darauf zurückzuführen ist, dass große Unternehmen über mehr Ressourcen verfügen und zudem in großen Unternehmen eine Vielzahl von Anwendungsfällen existiert. Weitere 31 % gaben an den Einsatz von Predictive Planning zu planen, wohingegen 24 % der befragten Unternehmen keinen Einsatz planen. Hierbei ist auffällig, dass die europäischen Unternehmen

2.3 Zusammenspiel von Controlling und Predictive Analytics

im Vergleich zu Nordamerika eher Verhalten sind. Lediglich 1 % der Unternehmen gaben an, dass der Einsatz von Predictive Planning gescheitert ist, was laut den Autoren daraufhin deutet, dass die Umsetzung in der Regel erfolgreich ist und der Einsatz von Predictive Planning einen Mehrwert liefert. Auf die Frage, inwieweit die Unternehmen den Nutzen von Predictive Planning für das jeweilige Unternehmen einschätzen, gaben 16 % der 249 befragten Unternehmen an, dass sie bereits von Predictive Planning profitieren. Weitere 49 % erwarten in der Zukunft einen großen Nutzen, wohingegen 28 % einen geringen Nutzen erwarten. Hierbei handelt es sich laut den Autoren insbesondere um die Unternehmen, die bisher keine Einführung von Predictive Planning geplant haben, was insbesondere auf die Unwissenheit über das mögliche Potenzial zurückzuführen sei. Laut 7 % der Unternehmen kann Predictive Planning keinen Mehrwert für das jeweilige Unternehmen liefern. Eine weitere Frage der Studie thematisierte den Nutzen, der durch Predictive Planning erreicht wurde bzw. erreicht werden soll. Am häufigsten wurde hier von den 73 befragten Unternehmen angegeben, dass eine höhere Qualität von Planung und Forecasts (64 %) erreicht werden kann, und dass der Aufwand reduziert (64 %) werden konnte. Bei der Frage welcher Nutzen zukünftig erzielt werden soll, wurden ebenfalls die eben genannten Nutzen mit jeweils 53 % von den 129 befragten Unternehmen am häufigsten angegeben. Die Autoren heben insbesondere hervor, dass bei großen Unternehmen in der Regel die Verbesserung und Beschleunigung der Prozesse im Vordergrund steht. Die Studie ergab, dass Predictive Planning 69 % der großen Unternehmen unterstützt den Planungsaufwand zu reduzieren. In Bezug auf das „Werkzeug", dass für die Umsetzung von Predictive Planning genutzt wird, zeigte die Studie, dass insbesondere bei großen Unternehmen individuelle Modelle die mit Data Science Tools entwickelt wurden (60 %), von den 73 befragten Unternehmen genutzt werden. Laut den Autoren kann durch den Einsatz von individuellen Modellen insbesondere die hohe Anpassungsfähigkeit auf das jeweilige Unternehmen sichergestellt werden. Allerdings erfordere dies auch den Einsatz von entsprechenden Ressourcen wie bspw. Data Scientists, welche in der Regel in kleineren und mittleren Unternehmen nur selten zur Verfügung stehen. Des Weiteren zeigte die Studie, dass Predictive Planning am häufigsten bei teilweise automatisierten Forecasts (55 %) zum Einsatz kommt. Teilweise automatisierte Forecasts werden von den Autoren als „Prognosen mit der Möglichkeit zur manuellen Überarbeitung oder für bestimmte Ausschnitte der Planung" definiert. Vollständig automatisierte Forecasts werden von 29 % der 73 befragten Unternehmen eingesetzt. Dies ist laut der Autoren auf die vergangenen unvorhersehbaren Krisen zurückzuführen, da Predictive Planning nur Ereignisse vorhersagen kann, die aus der Vergangenheit gelernt wurden. Daher ist laut der Autoren die Möglichkeit zur manuellen Überarbeitung der erstellten Prognose- und Vorschlagswerte immens wichtig. Als Datenbasis für Predictive Planning nutzen 59 % der 73 befragten Unternehmen am häufigsten interne Daten, jedoch werden Big Data (42 %) und externe Daten (41 %) auch relativ häufig für Predictive Planning genutzt. Da Big Data und externe Daten laut der Autoren wichtige Signale und Informationen liefern, können durch deren Einsatz in vielen Unternehmen die Qualität der Prognosen erhöht werden. Laut der durchgeführten Studie wird Predictive Planning in den Unternehmensbereichen Finanzen und Controlling, Vertrieb und Marketing, Produktion und Logistik, Personal und Ressourcen, sowie für branchenspezifische Themen eingesetzt. Für den Bereich Finanzen und Controlling werden als Anwendungsfälle automatisierte P&L Forecasts, Erstellung eines 5-Jahres Finanzplans mit verschiedenen Szenarien, Cashflow Prognose, monatliche automatische Vorhersage des Forecasts, ganze P&L inklusive Treiber, sowie die Planung zukünftiger Projekte inklusive Finanzplanung von den befragten Unternehmen angegeben. Da sich die vorliegende Arbeit auf den Bereich Controlling bezieht, soll an dieser Stelle nicht weiter auf die spezifischen Anwendungsfälle der weiteren Unternehmensbereiche eingegangen werden. Für interessierte Leser stehen die Ergebnisse der Studie auf der BARC-Website zur Verfügung. Im Bereich Finanzen und Controlling werden zudem Forecast Konzern-Umsatz und -EBIT bis Jahresende, Cashflow Prognose, teilautomatisierte Liquiditätsplanung mittels cashrelevanter Daten auf Basis historischer Daten, Kostenprognose/Vorhersage Opex, Gewinnprognose, halbautomatisierte Aktualisierung der GuV-Prognose anhand von historischen Daten, Daten des laufenden Jahres und erwarteten Daten als geplante Anwendungsfälle von den Unternehmen angegeben. Des Weiteren zeigte die Studie, dass über alle Unternehmensbereiche hinweg Predictive Planning am häufigsten für die Planung der GuV (42 %) von den 72 befragten Unternehmen eingesetzt wird. Dicht darauf folgen mit jeweils 40 % die Kostenplanung, sowie die Personalplanung. Für den geplanten Einsatz von Predictive Planning wird am häufigsten die Vertriebsplanung (54 %) von den 126 befragten Unternehmen genannt. Laut den Autoren kann Predictive Planning dabei unterstützen, Treiber und Zusammenhänge in den Daten zu entdecken. Diese Erkenntnis könne bspw. für die Optimierung von Marketingmaßnahmen genutzt werden. In Bezug auf die Herausforderungen, die für den Einsatz von Predictive Planning überwunden werden müssen, werden von den 265 befragten Unternehmen am häufigsten Aufbau und Pflege von Know-how und Kompetenzen (42 %), fehlende oder zu geringe Ressourcen (41 %) und mangelnde Datenverfügbarkeit, -integration und -qualität für valide Prognosen (34 %) genannt. Bezogen auf die Frage wie Unternehmen ihre Fähigkeit verbessern, um Predictive Planning zu nutzen, haben die

2.3 Zusammenspiel von Controlling und Predictive Analytics

124 befragten Unternehmen am häufigsten angegeben, dass sie bestehende Mitarbeiter ausbilden (53 %). Des Weiteren soll die Data Literacy[14] verbessert werden (40 %), sowie mit externen Mitarbeitern zusammengearbeitet werden (38 %). Des Weiteren zeigte die Studie, dass die 63 befragten Unternehmen, die keinen Einsatz von Predictive Planning planen, am häufigsten den Grund „Wir haben keine Use Cases oder sehen keinen Nutzen, der die Kosten aufwiegt" (43 %) angegeben haben. Darauffolgen als weitere Gründe „Wir haben knappe Ressourcen und aktuell wichtigere Themen zu bearbeiten" (41 %) und „Wir haben kein Know-how und uns mit dem Thema noch nicht befasst" (29 %). Zusammenfassend zeigte die Studie, dass Predictive Planning und Forecasting viele Potentiale bietet, allerdings noch einige Herausforderungen überwunden werden müssen, damit Predictive Planning und Forecasting in größerem Umfang in Unternehmen eingesetzt wird. Im Bereich Finanzen und Controlling existieren mehrere Anwendungsmöglichkeiten, wobei Predictive Planning am häufigsten für Prognose von GuV Positionen eingesetzt wird (Fuchs & Tischler, 2022). Um den aktuellen Stand der Forschung noch differenzierter betrachten zu können, sollen im Folgenden verschiedene Publikationen aus den Jahren 2023 und 2024, die sich speziell auf den Einsatz von PA im Controlling beziehen, thematisiert werden.

Im Jahr 2023 wird hervorgehoben, dass durch den Einsatz von PA der Forecast Erstellungsprozess beschleunigt werden kann (Anton & Wang, 2023, S. 166). Die Datenmengen, die zur Erstellung von Forecasts berücksichtigt werden können, werden immer größer und machen daher eine manuelle Analyse sehr zeitaufwendig. Es ist bereits einigen Unternehmen deutlich geworden, dass aufgrund der wachsenden Datenmengen die Prognosegenauigkeit mittels PA verbessert werden kann (Anton & Wang, 2023, S. 166). Allerdings muss berücksichtigt werden, dass die Bereinigung der historischen Daten notwendig ist, um genaue Forecasts mittels PA erzielen zu können (Anton & Wang, 2023, S. 170–173). Durch PA erzeugte Vorschlagswerte ermöglichen eine schnellere und häufigere Verfügbarkeit sowie eine höhere Genauigkeit und Granularität. Außerdem können neben den historischen Daten auch externe Faktoren bei der Forecast Erstellung mittels PA berücksichtigt werden. (Anton & Wang, 2023, S. 170–173). In Bezug auf die Herausforderung muss hervorgehoben werden, dass sich die Unternehmen auf bestimmte Positionen der GuV fokussieren sollten, denn die komplette GuV mittels PA vorherzusagen, ist aufgrund der unterschiedlichen Verläufe äußerst komplex und schwer umsetzbar (Göbel, 2023, S. 37–38). Zudem müssen die

---

[14] Laut dem statistischen Bundesamt wird unter Data Literacy „Die Fähigkeiten, Daten auf kritische Art und Weise zu sammeln, zu managen, zu bewerten und anzuwenden" verstanden (Statistisches Bundesamt, n.d.).

Unternehmen eine hohe Datenqualität in den zugrundeliegenden Daten sicherstellen und überprüfen, inwieweit externe Daten mit einbezogen werden sollten. Hierbei sollte geprüft werden wie hoch der Aufwand im Vergleich zur Steigerung der Vorhersagegenauigkeit ist (Göbel, 2023, S. 37–38).

Jäkel und Muntermann sehen als Ziele für den Einsatz von PA die Reduzierung von manuellen Aufwand bei der Erstellung der Vorhersage, sowie eine Verbesserung der Vorhersagegenauigkeit (2023, S. 9). Bevor PA zum Einsatz kommt, muss allerdings zunächst die angestrebte Vorhersagegenauigkeit im jeweiligen Unternehmen bestimmt werden, damit im Nachgang überprüft werden kann, ob der PA Forecast die geforderte Qualität erreicht (Jäkel & Muntermann, 2023, S. 5). Zusätzlich müssen nach Jäkel & Muntermann bestimmte Voraussetzungen für den Einsatz von PA zur Erstellung von Vorhersagen erfüllt werden (2023, S. 8–9). Für die effiziente Nutzung müssen zuerst die organisatorischen, prozessualen und technischen Voraussetzungen geschaffen werden. Es wird eine leistungsfähige IT-Infrastruktur für die Erfassung, Verarbeitung und Analyse der Daten benötigt. Zusätzlich muss sichergestellt werden, dass umfangreiche historische Daten als Datengrundlage zur Verfügung stehen. Des Weiteren muss den Unternehmen bewusst sein, dass die erstellten Modelle und die zugrundeliegenden Daten regelmäßig gepflegt werden müssen. In Bezug auf den Einsatz bestimmter PA-Modelle zur Erstellung von Vorhersagen zeigte sich in der Praxis, dass sich insbesondere lineare, zeitdiskrete Modelle (sog. ARIMA und SARIMA Modelle) besonders eignen und eine ausreichende Vorhersagegenauigkeit liefern. Da bei diesem Ansatz die Fortschreibung von Zeitreihen zugrunde liegt, werden hier umfangreiche historische Daten benötigt. Für neuronale Netze können auch über Zeitreihen hinausgehende Daten herangezogen werden. Dies führt zu einer erhöhten Leistungsfähigkeit, allerdings auch zu erhöhter Komplexität bei der Modellentwicklung und Einführung, welche durch verbesserte Vorhersagegenauigkeiten ausgeglichen werden kann. (Jäkel & Muntermann, 2023, S. 8–9).

Fischer et al. heben 2023 zudem hervor, dass die Nutzung von PA zu deutlich erfolgreicheren Entscheidungen des jeweiligen Unternehmens führen kann (2023, S. 176). Um dies allerdings umzusetzen, ist es von besonderer Bedeutung, ein auf das jeweilige Controlling abgestimmtes Konzept, zur Einführung zu erstellen sowie die gegebenen Rahmenbedingungen vorab zu klären (2023, S. 176). Aufgrund komplexer Fragestellungen und Sachverhalte können die bei PA genutzten Methoden oftmals nicht menschliche Entscheidungsträger ersetzen (Burck et al., 2023, S. 11–12). Ein optimales Prognosemodell beruht eher auf der Zusammenarbeit von menschlicher und maschineller Intelligenz. Hierbei ist eine umfangreiche Zusammenarbeit der Stakeholder notwendig. Die Entwickler müssen in engem Austausch mit den Fachabteilungen stehen, um die jeweiligen Herausforderungen zu erkennen. Zudem müssen die Nutzer ein grundsätzliches Verständnis für die genutzten Methoden entwickeln, um so die Aussagefähigkeit der Prognose zu verstehen, was zu erhöhtem Vertrauen in die angewendeten Methoden führt. Das Interesse an PA zur Forecast Erstellung ist aktuell sehr hoch (2023), allerdings ist der Einsatz in der Praxis noch nicht weit fortgeschritten (Burck et al., 2023, S. 11–12).

In einem aktuellen Artikel aus dem Jahr 2024 wird betont, dass PA im Controlling genutzt werden kann, um Vorhersagen über zukünftige Entwicklungen zu erstellen (Hedfeld & Pfaff, 2024, S. 59–60). Hierfür können als Anwendungsgebiete bspw. die Vorhersage von zukünftigen Umsätzen und Kostenpositionen genannt werden. Für den Einsatz von PA wird hervorgehoben, dass das Know-how der Controller über die individuellen Eigenschaften des jeweiligen Unternehmens dazu beitragen kann, den PA Forecast zuverlässiger zu machen und somit ein Zusammenspiel notwendig ist. Ebenfalls wird nochmals bestätigt, dass sowohl interne Finanzdaten, als auch Daten aus anderen Unternehmensbereichen sowie externe Marktdaten, genutzt werden können. Dadurch, dass der PA Forecast jederzeit auf Knopfdruck zur Verfügung steht, können durch die frühzeitige und flexible Erstellung von Kostenprognosen, Unternehmen rechtzeitig erkennen, ob Kosten in Zukunft steigen werden und so entsprechende Gegenmaßnahmen einplanen bzw. sich auf die Situation besser vorbereiten. Des Weiteren können hierdurch Unternehmensrisiken bei steigenden Kosten rechtzeitig erkannt werden und gegebenenfalls entsprechende Sparmaßnahmen eingeleitet werden (Hedfeld & Pfaff, 2024, S. 59–60).

Zusammenfassend kann für den aktuellen Stand der Forschung festgehalten werden, dass laut der aufgeführten Studie und den Publikationen durch den Einsatz von PA die Qualität der Forecasts erhöht werden kann. Zusätzlich kann der Aufwand während des Erstellungsprozesses reduziert werden, wodurch ein hoher Mehrwert für die Unternehmen generiert werden kann. Dies kann insbesondere auf die Beschleunigung des Prozesses zurückgeführt werden. Zudem können bei dem Einsatz von PA größere Datenmengen zur Forecast Erstellung herangezogen werden, was wiederum die Qualität der Forecasts erhöht. Als Herausforderung wird insbesondere die Sicherstellung der Datenverfügbarkeit und -qualität hervorgehoben. Außerdem zeigte die Studie, dass von den Unternehmen der Aufbau von Know-how in Bezug auf den Einsatz von PA als besonders herausfordernd angesehen wird.

2.3.2 Beispiele aus der Praxis

Die folgenden Praxisbeispiele sollen den Nutzen und die verschiedenen Einsatzmöglichkeiten von PA zur Erstellung von Forecasts aufzeigen. Hierbei wird nicht auf die detaillierten Eigenschaften der einzelnen Unternehmen eingegangen. Des Weiteren handelt es sich nur um eine Auswahl von Praxisbeispielen und darf nicht als vollständig angesehen werden.

Deutsche Post International: Monatliche Prognose der Umsätze
Die Deutsche Post International ist ein Teilbereich der Deutschen Post und untergliedert sich in mehrere Geschäftsbereiche (Deipenbrock et al., 2019, S. 45–50). Für die Geschäftsbereiche der Deutschen Post International wurde ein PA Forecast für die monatliche Umsatzprognose eingeführt. Ausgangspunkt der Einführung des PA Forecasts war, dass der manuell erstellte Forecast der Deutschen Post International im betrachteten Zeitraum um rund 4 % von den Ist-Daten abgewichen ist. Diese Abweichung lag oberhalb der durchschnittlichen Abweichungen der anderen Bereiche der Deutschen Post. Aufgrund dessen wurde die Entscheidung getroffen, zu überprüfen inwieweit die Vorhersagegenauigkeit durch PA verbessert werden kann. Zu Beginn des Projektes wurde definiert, dass der PA Forecast für die monatliche Umsatzprognose eingeführt werden soll und die Vorhersagegenauigkeit durch den Mean Absolute Percentage Error (MAPE[15]) sowie durch den Mean Absolute Deviation (MAD) überprüft werden soll. Bei diesen beiden Fehlermaßen werden zu hohe Prognosen genauso fehlerhaft wie zu niedrige Prognosen bewertet. Als Datenbasis nutzte die Deutsche Post International interne und externe Daten. Bei den internen Daten wurden insbesondere die historischen Umsätze von ca. zwölf Jahren herangezogen und um Sondereffekte bereinigt. Zudem wurden historische Prognosen des Produktmanagements genutzt, um die Qualität des neuen Forecasts mit den bisherigen Prognosen zu vergleichen. Als externe Daten wurden die öffentlichen Feiertage und Schulferien, sowie eine Übersicht mit bevorstehenden internationalen Briefwahlen verarbeitet. Als Tool für die Erstellung des PA Forecasts wurde Python[16] genutzt. Während des Projektes wurden die monatlichen Umsatzprognosen je Teilgeschäftsfeld auf Basis fünf unterschiedlicher statistischer Modelle getestet. Hierbei kamen zum

---

[15] Der MAPE ist der mittlere absolute prozentuale Fehler und berechnet den prozentualen Mittelwert der Abweichungen zwischen den Ist-Werten und den prognostizierten Werten. Je geringer der MAPE ist, desto genauer ist die Prognose des jeweiligen Modells (Jedox GmbH, 2021).

[16] Bei Python handelt es sich um eine Programmiersprache (Amazon Web Services, Inc., n.d.).

einen Regressionsmodelle (lineare Regression und Lasso Regression[17]) und zum anderen Entscheidungsbäume (Random Forests[18], Extra Trees[19], Gradient Boosting[20]) zum Einsatz. Daraufhin wurden die erstellten monatlichen Prognosen je Teilbereich in Bezug auf die Vorhersagegenauigkeit analysiert. Hierzu wurde für einen bereits vergangenen Zeitraum von ca. 1½ Jahren die monatlichen Prognosen mit PA erstellt, um die Prognosewerte mit den bereits vorliegenden Ist-Werten abgleichen zu können. Es zeigte sich, dass die durchschnittliche absolute Prozentabweichung für die Deutsche Post International von 4,07 % auf Abweichungen zwischen 2,74 % und 3,58 %, je nachdem welches Modell genutzt wurde, verbessert werden konnte. Außerdem wurde festgestellt, dass je nach Geschäftsfeld unterschiedliche Modelle die genausten Prognosewerte erzielten, weshalb man sich dazu entschied, je Geschäftsfeld das jeweilige beste Modell auszuwählen. Dies führte dazu, dass der MAPE für die Deutsche Post International gesamt auf 2,18 % reduziert werden konnte. Lediglich für ein Geschäftsfeld konnte durch den Einsatz von PA die Vorhersagegenauigkeit im Vergleich zu den bisherigen Prognosen, nicht erhöht werden. Zusätzlich zeigte sich, dass durch die weitere Nutzung des PA Forecasts über das Projektende hinaus der MAPE weiter reduziert werden konnte, was dafürspricht, dass sich die Vorhersagen durch PA eigenständig verbessern. Zusammenfassend wurde die Entscheidung getroffen, dass der PA Forecast zusätzlich zu den Prognosen der Fachbereiche und nicht alleinig genutzt wird, um Veränderungen sowie neue Erkenntnisse nicht unberücksichtigt zu lassen. Aufgrund der Abstimmung zwischen den manuell erstellten Prognosen mit dem PA Forecast konnte bei der Deutschen Post International zusätzlich die Objektivität in den Prognosen erhöht werden (Deipenbrock et al., 2019, S. 45–50).

Siemens: Prognose der Umsätze
Bei Siemens zeigte sich, dass der manuelle Erstellungsprozess sehr ressourcenintensiv war und zudem die Vorhersagequalität sehr stark von den subjektiven

---

[17] Die Lasso Regression selektiert die abhängigen Variablen selbstständig und eliminiert die unabhängigen Variablen aus dem Modell (IBM, n.d.).

[18] Random Forests ist ein Algorithmus, der die Vorhersage mehrere Entscheidungsbäume kombiniert, um eine einzelne Vorhersage zu erhalten (IBM, n.d.).

[19] Extra Trees steht für Extremely Randomized Trees und stellt eine Methodik des maschinellen Lernens dar. Weitere Details können bspw. der Website von QuantDare entnommen werden (Aznar, 2020).

[20] Gradient Boosting basiert auf Entscheidungsbäumen und ist eine Methodik des maschinellen Lernens. Weitere Details können bspw. der Website von Marini Systems entnommen werden (Marini Systems, n.d.).

Einschätzungen der Controller abhängig war (Gerig, 2020, S. 230–235). Für die erstmalige Einführung eines PA Forecasts für Umsätze wurde vorab ein Unternehmensbereich für das Pilotprojekt ausgewählt, um die Komplexität gering zu halten. Das hauptsächliche Ziel des Projektes war es, den manuellen Aufwand für die Erstellung der Vorhersage zu reduzieren. Zu Beginn musste eine Bereinigung der historischen Daten um Sondereffekte durchgeführt werden, um eine möglichst genaue Vorhersagegenauigkeit zu erzielen. Außerdem sollten für eine erfolgreiche Einführung eines PA Forecasts mehrere PA-Modelle getestet und deren Ergebnisse validiert werden. Es zeigte sich, dass in der Regel eine ähnliche bzw. verbesserte Vorhersagegenauigkeit wie bei den manuell erstellten Forecasts erreicht werden konnte. Allerdings werden hierzu weniger Ressourcen benötigt und die Vorhersage ist deutlich flexibler verfügbar. Des Weiteren stellte sich heraus, dass für eine erfolgreiche Implementierung eines PA Forecasts eine besonders enge Zusammenarbeit aller Beteiligten erforderlich war. Außerdem muss genügend Zeit zur Verfügung stehen, verschiedene Modelle und unterschiedliche Algorithmen, sowie die zugrundeliegende Datenhistorie zu testen (Gerig, 2020, S. 230–235). Die Projektphasen in der Abbildung 2.6 wurden für die Implementierung bei Siemens gewählt:

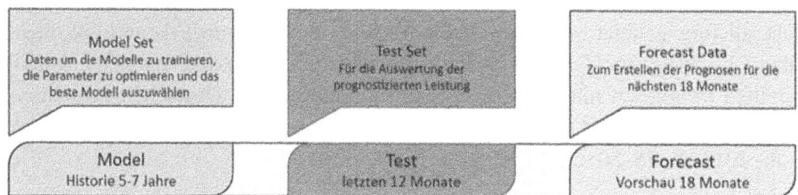

Abbildung 2.6 Projektphasen für Predictive Sales Forecast bei Siemens. (Quelle: Eigene Darstellung in Anlehnung an Gerig, 2020, S. 231)

Predictive Forecast der TX Group AG
Der ursprüngliche Forecast Erstellungsprozess war zeit- und ressourcenintensiv und konnte zudem nicht die geforderte Prognosequalität erreichen (Benkendorff & Légeret, 2024, S. 54–56). Außerdem war der Forecasts oftmals von subjektiven Entscheidungen des Managements geprägt. Daher hat man sich für die Einführung eines PA Forecasts entschieden, welcher durch eine Software erstellt wird, die automatisch die auf die jeweilige Zeitreihe am besten passende statistische Methode auswählt. Während des Einführungsprozesses wurde

2.3 Zusammenspiel von Controlling und Predictive Analytics

ca. ein Jahr parallel ein PA Forecast und ein manueller Forecast erstellt und beide im Hinblick auf die Vorhersagegenauigkeit monatlich gegenübergestellt. Zusätzlich wurde überprüft, inwieweit sich die Vorhersagegenauigkeit bei Bereinigung der historischen Daten veränderte. Das Controlling hatte immer die Möglichkeit den PA Forecast um Sondereffekte anzupassen und im Nachgang zu überprüfen, inwieweit die Anpassung die Vorhersagegenauigkeit verändert hatte. Durch die Einführung des PA Forecasts konnte der Erstellungsaufwand deutlich verkürzt werden und zudem eine höhere Vorhersagegenauigkeit erreicht werden. Zudem konnten die subjektiven Einschätzungen deutlich verringert werden, wodurch die Transparenz des Forecasts gesteigert werden konnte (Benkendorff & Légeret, 2024, S. 54–56).

Die aufgeführten Praxisbeispiele zeigen, dass der ursprüngliche Prognoseprozess in der Regel zeit- und ressourcenintensiv ist. Durch den Einsatz von PA kann die Effizienz während der Forecast Erstellung gesteigert werden sowie in den meisten Fällen die Vorhersagegenauigkeit erhöht werden. Allerdings muss bei dem Einsatz von PA berücksichtigt werden, dass die Qualität der zugrundeliegenden Daten ausschlaggebend für die erfolgreiche Umsetzung ist. Des Weiteren wird aus den aufgeführten Praxisbeispielen deutlich, dass es sich bei der Einführung eines PA Forecasts um einen Prozess handelt und damit gewisse Zeit in Anspruch nimmt. Hierbei muss berücksichtigt werden, dass das Vorgehen sowie die Auswahl des PA-Modells und der zu berücksichtigenden Faktoren unternehmensindividuell ausgestaltet werden müssen.

Forschungsmethodik 3

Nachdem im zweiten Kapitel die theoretischen Grundlagen in Bezug auf den Einsatz von PA im Controlling gelegt wurden, leitet das folgende Kapitel den praxisorientierten Teil der Arbeit ein.[1]

3.1 Erhebungsmethode, Zielsetzung und Zielgruppe

Wie bereits in der Einleitung beschrieben, wurde eine quantitative Datenerhebung durchgeführt, um einen möglichst umfangreichen Überblick über den Einsatz von PA Forecasts in der Praxis zu erlangen (Bortz & Döring, 2006). Die quantitative Datenerhebung wurde mittels eines Online-Fragebogens umgesetzt, welcher sich an die Controlling-Abteilungen von Unternehmen richtete. Es wurde sich gegen die Durchführung von Experteninterviews entschieden, da in Bezug auf die Teilnehmerzahl im Vergleich zur Nutzung eines Onlinefragebogens bei gleichem Aufwand nur eine geringere Teilnehmeranzahl erreicht werden kann. Die Vorteile eines Onlinefragebogens sind bspw. die schnelle und kostengünstige Durchführbarkeit (Diekmann, 2023, S. 522). Der Fragebogen wurde in dem Umfrage-Tool Unipark erstellt und sollte allgemein gesehen klären, ob und inwieweit PA zur Erstellung von Controlling Forecasts in Unternehmen eingesetzt wird. Des Weiteren sollte geprüft werden, ob sich bei der Nutzung von PA bestimmte Trends

---

[1] Elektronisches Zusatzmaterial: Die elektronische Version dieses Kapitels enthält Zusatzmaterial, das berechtigten Benutzern zur Verfügung steht.

Ergänzende Information Die elektronische Version dieses Kapitels enthält Zusatzmaterial, auf das über folgenden Link zugegriffen werden kann https://doi.org/10.1007/978-3-658-47146-0_3.

erkennen lassen. Außerdem sollte durch die empirische Untersuchung herausgearbeitet werden, was die Gründe dafür sind, wenn PA im jeweiligen Unternehmen nicht zur Forecast Erstellung genutzt wird. Die Zielgruppe der empirischen Untersuchung waren somit die Controlling-Abteilungen von Unternehmen, unabhängig davon, ob sie bereits PA im Controlling zur Forecast Erstellung einsetzen oder nicht. Um Trends bzw. Regelmäßigkeiten bei der Nutzung von PA im Controlling erkennen zu können, wurden zu Beginn des Fragebogens vier Kategorisierungsfragen in Bezug auf die Unternehmensgröße gemessen am Jahresumsatz bzw. an der Mitarbeiterzahl, die Börsennotierung, sowie die Branche, in der das jeweilige Unternehmen tätig ist, gestellt.

Der Großteil der Unternehmen wurde per Email kontaktiert, wobei die Kontaktdaten in der Regel auf den Internetseiten der Unternehmen recherchiert wurden. Außerdem konnten für vereinzelte Unternehmen direkte Kontakte hergestellt werden, die ebenfalls per Email den Link zum Online-Fragebogen erhielten. Zusätzlich war es möglich, dass Unternehmen bzw. Personen den Link zum Fragebogen mit weiteren Unternehmen bzw. direkten Kontakten teilen. Aufgrund dessen kann nicht analysiert werden, wie viele Unternehmen insgesamt kontaktiert wurden. Von meiner Seite wurden ca. 1870 Unternehmen per Email kontaktiert. An der empirischen Untersuchung nahmen daraufhin 133 Unternehmen teil. Allerdings haben insgesamt 1080 Unternehmen bzw. Personen den Fragebogen angeklickt, wobei hier allerdings beachtet werden muss, dass ein Mehrfaches anklicken des Links möglich war. Daher kann nicht gesagt werden, dass 1080 verschiedene Unternehmen bzw. Personen den Fragebogen angeklickt haben. Aufgrund fehlender Antworten bei den Kategorisierungsfragen mussten 13 Unternehmen aus der Stichprobe gelöscht werden, wodurch die Stichprobe auf 120 Unternehmen reduziert wurde. Gemessen an der Unternehmensgröße setzt sich die Stichprobe aus 13 Unternehmen mit einem Jahresumsatz kleiner als 50 Millionen €, 45 Unternehmen mit einem Jahresumsatz zwischen 50 und 250 Millionen € und 62 Unternehmen mit einem Jahresumsatz größer 250 Millionen € zusammen. Bei der Auswahl der Unternehmen wurde darauf geachtet, dass möglichst unterschiedliche Unternehmen in Bezug auf Unternehmensgröße und Branche angeschrieben wurden. Die Unternehmen konnten vom 11.11.2023 bis 06.03.2024 an der empirischen Untersuchung teilnehmen.

3.2 Herleitung und Aufbau des Fragebogens

Der Fragebogen wurde in standardisierter Form aufgesetzt, was bedeutet, dass zu allen Fragen die Antwortmöglichkeiten, sowie die Reihenfolge der Fragen vorgegeben wurden (Diekmann, 2023, S. 437). Die Frageform, bei der die Antwortmöglichkeiten vorgegeben werden, nennt sich geschlossene Fragen (Porst, 2014, S. 53). Hierbei können die Fragen nach der Möglichkeit der Einfach- bzw. Mehrfachnennung der Antwortmöglichkeiten unterschieden werden. Bei der Einfachnennung kann lediglich eine Antwortmöglichkeit ausgewählt werden, wohingegen bei der Mehrfachnennung mehrere Antworten ausgewählt werden können (Porst, 2014, S. 53). Bei den Fragen, bei denen eine Mehrfachauswahl möglich war, wird dies im Kapitel „Ergebnisse der empirischen Untersuchung" (Abschn. 4.1) kurz erwähnt. Die geschlossenen Fragen haben allerdings den Nachteil, dass durch die vorgegebenen Antwortmöglichkeiten, mögliche zusätzliche Erkenntnisse nicht erfasst werden können (Diekmann, 2023, S. 478). Um diesem Nachteil entgegen zu wirken, wurde bei den meisten Fragen, die Antwortmöglichkeit „Andere" bzw. „Sonstige" zusätzlich aufgeführt. Im Falle, dass einer der Befragten bei den geschlossenen Fragen „Andere"/"Sonstige" auswählte, öffnete sich als nächstes ein Fenster, bei dem in einem Freitextfeld angegeben werden sollte, was unter „Andere"/"Sonstige" zu verstehen ist. Hierbei handelte es sich um offene Fragen, wodurch Erkenntnisse generiert werden können, die in den Antwortmöglichkeiten nicht vorgegeben waren (Porst, 2014, S. 56–57). Bei der Darstellung der Ergebnisse wird auf die angegebenen Antworten aus den Freitextfeldern eingegangen, falls diese wichtige Erkenntnisse lieferten. Insgesamt enthielt der Fragebogen 28 Fragen, wobei die Anzahl der Fragen dahingehend unterschieden werden muss, ob die Unternehmen bereits PA zur Forecast Erstellung einsetzen oder nicht. Die vier Kategorisierungsfragen wurden zu Beginn, unabhängig davon, ob PA bei den Unternehmen bereits eingesetzt wird oder nicht an alle Unternehmen gestellt. Des Weiteren erhielten alle Unternehmen zuerst die generelle Frage gestellt, ob PA im Controlling zur Forecast Erstellung eingesetzt wird. Bei den Unternehmen, die bisher PA nicht nutzen, wurde im Fragebogen lediglich noch eine zusätzliche Frage nach den Gründen, warum PA nicht genutzt wird, gestellt. Hierdurch soll überprüft werden, ob unternehmensübergreifend Gründe existieren, die den Einsatz von PA Forecasts erschweren, oder ob das von unternehmensindividuellen Entscheidungen abhängig ist. Die oben aufgeführte BARC-Studie (Abschn. 2.3.1) zeigte, dass von den Unternehmen als größte Herausforderungen der Aufbau von Know-how und Kompetenzen sowie zu geringe Ressourcen genannt wurden (Fuchs & Tischler, 2022). Dieses

Ergebnis soll durch die durchgeführte empirische Untersuchung validiert werden. Durch die Frage nach der Unternehmensgröße soll überprüft werden, ob das Ergebnis der BARC Studie bestätigt werden kann, dass in der Regel größere Unternehmen Vorreiter bei dem Einsatz von PA sind (Fuchs & Tischler, 2022). Die Unternehmen, die angaben, dass sie PA bereits nutzen, erhielten noch ca. 24 weitere Fragen. Bei diesen Fragen ging es hauptsächlich darum festzustellen, wie PA von diesen Unternehmen zur Forecast Erstellung genutzt wird und ob sich bestimmte Trends erkennen lassen. Hierbei wurden die Fragen in verschiedene Themenblöcke unterteilt. In dem ersten Themenblock wurde abgefragt für welche Position/Positionen der GuV das jeweilige Unternehmen den Forecast mittels PA erstellt und warum die jeweilige Position ausgewählt wurde. Durch die Frage nach der Position, welche für den PA Forecast genutzt wird, soll überprüft werden, ob sich ein Trend erkennen lässt, dass sich eine Position besonders gut für die Nutzung eines PA Forecasts eignet. Matthäus et al. beschrieben in Ihrem Artikel, dass sich insbesondere die Umsätze besonders gut für einen PA Forecast eignen würden (2023, S. 15). Auch Markus Zorn[2] erwähnte dies in einem Interview mit Prof. Dr. Imke Keimer (2020, S. 18). Diese Aussage soll durch die durchgeführte empirische Untersuchung überprüft werden. Des Weiteren wurde in diesem Themenblock nach den Vorteilen gefragt, die dem jeweiligen Unternehmen durch den Einsatz von PA entstanden sind und welcher Unternehmensbereich für die Forecast Erstellung verantwortlich ist. Der nächste Themenblock beschäftigte sich damit, wie die Unternehmen PA einsetzen. Bspw. welches Tool genutzt wird, welche Daten berücksichtigt werden, ob die historischen Daten um Sondereffekte bereinigt wurden, für welchen Zeitraum der PA Forecast erstellt wird, welche Art der Planung genutzt wird und auf welcher Granularität der Forecast zur Verfügung steht. Bei den Fragen rund um die Bereinigung der historischen Daten ging es hauptsächlich darum die bisherige Literatur zu validieren und zu bestätigen, da in der Literatur vermehrt darauf hingewiesen wird, dass der Erfolg eines PA Forecasts maßgeblich von der Qualität der zugrundeliegenden Daten abhängig ist (Mehanna et al., 2015, S. 31; Gerig, 2020, S. 233–235.; Weber & Schäffer, 2022, S. 326; Lehmann & Amrhein, 2022, S. 39; Schön, 2022, S. 481). Anhand der Frage, welche Daten zur Erstellung des PA Forecasts herangezogen werden, soll überprüft werden, ob sich bestimmte Trends erkennen lassen. So deutet die Literatur daraufhin, dass durch den Einsatz von nur unternehmensinternen Daten der Aufwand für die Erstellung des PA Forecasts gering gehalten werden kann (Matthäus et al., 2023, S. 12–14; Keimer & Zorn, 2020, S. 18). Darauffolgte der Themenblock, der die Überprüfung des Forecasts thematisierte.

---

[2] Markus Zorn: 2020 Partner bei Deloitte und Leiter des Finance & Performance Teams.

Hierbei ging es um die Frage welches Fehlermaß zur Überprüfung des Forecasts genutzt wurde und ob die Vorhersagegenauigkeit durch den Einsatz von PA erhöht werden konnte. Ein weiterer Themenblock bezog sich auf das Vorgehen bei der Implementierung eines PA Forecasts. Hierbei ging es darum zu verstehen, welche Ressourcen für die Implementierung notwendig waren, welche Unternehmensbereiche an der Implementierung beteiligt waren, wie viel Zeit die Implementierung in Anspruch nahm, was die größten Herausforderungen während und nach der Implementierung waren und wie die Unternehmen bei der Implementierung vorgingen. Die Ergebnisse dieses Themenblockes sollen Unternehmen dabei unterstützen den Aufwand für die Implementierung eines PA Forecasts einschätzen zu können und das bestmögliche Vorgehen für eine Implementierung ableiten zu können. Der letzte Themenblock thematisierte das zukünftige Vorgehen der Unternehmen. Hierbei ging es um die Frage, ob die Unternehmen die Einführung eines PA Forecasts für weitere GuV-Positionen planen, wenn ja für welche Positionen und wenn nein, was die Gründe sind. Zum Abschluss wurde noch überprüft, inwieweit sich die Tätigkeiten der Controller im jeweiligen Unternehmen durch den Einsatz von PA veränderten. Diese Frage wurde in den Fragebogen aufgenommen, da die Literatur vielfältig darauf hinweist, dass sich durch den Einsatz von PA die Aufgaben der Controller verändern (Mehanna et al., 2015, S. 29–32; Ashok et al., 2019, S. 30). Der vollständige Fragebogen, sowie die dazugehörigen Auswahlmöglichkeiten sind in Anhang A im elektronischen Zusatzmaterial abgebildet.

3.3 Datenanalyse

Zu Beginn der Datenauswertung wurden anhand der, in den vorigen Abschnitten aufgeführten Literatur, folgende Hypothesen aufgestellt:

1. PA wird insbesondere bei größeren Unternehmen eingesetzt
2. In erster Linie werden unternehmensinterne Daten als Grundlage für den Forecast verwendet
3. Die Bereinigung der zugrundeliegenden Daten beeinflusst die Vorhersagegenauigkeit
4. PA wird häufig bei der Umsatzprognose eingesetzt

Die Hypothesen werden in den folgenden Kapiteln mit den Ergebnissen der durchgeführten empirischen Untersuchung validiert.

Die Datenauswertung wurde mit dem Tool EDS Reporting + von Tivian durchgeführt. Für die Datenauswertung wurden nur Datensätze verwendet, bei denen die vier Kategorisierungsfragen von den Unternehmen vollständig beantwortet wurden. Zudem wurde überprüft, ob ein Unternehmen den Fragebogen mehrfach beantwortete. Hierzu wurde bei den Antworten auf die Frage nach dem Namen des Unternehmens geprüft, ob ein Unternehmensname mehrfach angegeben wurde. Im weiteren Verlauf wurden die angegebenen Unternehmensnamen nicht weiter berücksichtigt und eine anonymisierte Datenauswertung durchgeführt.

Im folgenden Kapitel wird die Auswertung der empirischen Untersuchung dargestellt sowie eine Einordnung der Ergebnisse durchgeführt. Für die Darstellung der Ergebnisse wurde die deskriptive Statistik genutzt. Die Ergebnisse werden zum einen in Textform und zum anderen in tabellarischen bzw. grafischen Darstellungen, in Form von Säulen- bzw. Kreisdiagrammen, aufgezeigt. Für die Interpretation der Ergebnisse (Abschn. 4.2.1) wurde zudem die induktive Statistik genutzt, um auf die Grundgesamtheit zu schließen (Völkl & Korb, 2018, S. 2).

Empirische Untersuchung zum Einsatz von Predictive Analytics in der Praxis 4

Das vierte Kapitel stellt den praxisorientierten Teil der Arbeit dar und gliedert sich in zwei Unterkapitel. Zunächst werden im ersten Unterkapitel die Ergebnisse der zuvor beschriebenen empirischen Untersuchung dargestellt. Im zweiten Teil des vierten Kapitels werden daraufhin die Ergebnisse der durchgeführten empirischen Untersuchung eingeordnet und daraus eine Handlungsempfehlung für die Implementierung von PA abgeleitet. Außerdem werden in diesem Kapitel die Kritikpunkte der genutzten Methodik aufgezeigt.[1]

4.1 Ergebnisse der empirischen Untersuchung

Im folgenden Teil des vierten Kapitels werden die Ergebnisse der empirischen Untersuchung dargestellt, wobei im ersten Unterkapitel auf die Teilnehmer der Umfrage eingegangen wird. Daraufhin folgt der Status quo, durch den dargestellt wird, in welchem Umfang PA zur Forecast Erstellung im Controlling bereits genutzt wird. Die Gründe, die laut den befragten Unternehmen dazu geführt

---

[1] Elektronisches Zusatzmaterial: Die elektronische Version dieses Kapitels enthält Zusatzmaterial, das berechtigten Benutzern zur Verfügung steht.

Ergänzende Information Die elektronische Version dieses Kapitels enthält Zusatzmaterial, auf das über folgenden Link zugegriffen werden kann https://doi.org/10.1007/978-3-658-47146-0_4.

haben, dass sie PA bisher nicht eingeführt haben, werden im dritten Teil des vierten Kapitels dargestellt. Den Abschluss des vierten Kapitels bildet die Analyse, wie PA bereits in Unternehmen genutzt wird.

4.1.1 Teilnehmer der empirischen Untersuchung

An der empirischen Untersuchung haben insgesamt 120 Unternehmen teilgenommen. Um die Unternehmen bei der Auswertung kategorisieren zu können, wurde bei der empirischen Untersuchung die Unternehmensgröße der befragten Unternehmen gemessen an der Mitarbeiterzahl und an dem jeweiligen Jahresumsatz abgefragt. Die Einstufung der Unternehmensgröße gemessen an der Mitarbeiterzahl wurde anhand der folgenden drei Kategorien durchgeführt: <250 Mitarbeiter, 250–750 Mitarbeiter, sowie >750 Mitarbeiter. In Bezug auf den Jahresumsatz wurden ebenfalls drei Kategorien definiert: <50 Millionen €, 50–250 Millionen € und >250 Millionen €. Gemessen an der Mitarbeiterzahl teilen sich die 120 befragten Unternehmen auf 21 Unternehmen mit weniger als 250 Mitarbeitern, 34 Unternehmen mit 250–750 Mitarbeitern und 65 Unternehmen mit mehr als 750 Mitarbeitern auf. Dies bedeutet, dass rund 54 % der befragten Unternehmen mehr als 750 Mitarbeiter haben, rund 28 % der Unternehmen haben 250–750 Mitarbeiter und rund 18 % haben weniger als 250 Mitarbeiter (Grafische Darstellung in Anhang B im elektronischen Zusatzmaterial).

Nach der Einstufung der Unternehmensgröße gemessen am Jahresumsatz nahmen 13 Unternehmen mit einem Jahresumsatz kleiner als 50 Millionen €, 45 Unternehmen mit einem Jahresumsatz von 50 bis 250 Millionen € und 62 Unternehmen mit einem Jahresumsatz größer als 250 Millionen € an der empirischen Untersuchung teil. Dies bedeutet, dass rund 52 % der Unternehmen einen Jahresumsatz von >250 Millionen €, rund 38 % einen Jahresumsatz von 50 bis 250 Millionen € und rund 11 % einen Jahresumsatz von weniger als 50 Millionen € ausweisen, was anhand der Abbildung 4.1 ebenfalls deutlich wird.

4.1 Ergebnisse der empirischen Untersuchung 59

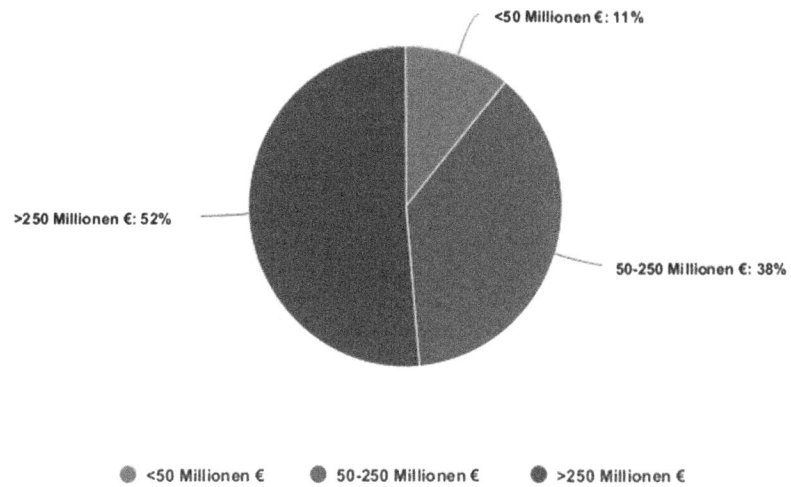

Abbildung 4.1 Teilnehmer der Umfrage anhand der Unternehmensgröße (Jahresumsatz).[2] (Quelle: Eigene Darstellung)

Des Weiteren wurde erhoben, ob die befragten Unternehmen an einer Börse notiert sind. In Bezug auf dieses Kriterium sind 85 % der befragten Unternehmen nicht an einer Börse notiert, wohingegen 15 % an einer Börse notiert sind.

In Bezug auf die Branche, in der die Unternehmen tätig sind, wurden in der empirischen Untersuchung folgende Branchen als Auswahl vorgegeben: Healthcare, Transport und Logistik, Automobil, Chemicals, Electronics, IT/Telekommunikation, Finanzen, Handel sowie Sonstige. Anhand dieser Einteilung nahmen 13 Unternehmen aus der Healthcare Branche, 10 Unternehmen aus dem Bereich Transport und Logistik, 9 Unternehmen aus der Automobilbranche, jeweils 9 Unternehmen aus dem Bereich Chemicals sowie Electronics, 8 Unternehmen aus dem Bereich IT/Telekommunikation, 7 Unternehmen aus dem Bereich Finanzen, 7 Unternehmen aus der Handelsbranche, sowie 69 „Sonstige" Unternehmen an der empirischen Untersuchung teil. Falls die Unternehmen

---

[2] Es wurde kaufmännisch gerundet und kann daher zu Rundungsdifferenzen führen.

bei dieser Frage „Sonstige" als Branche ausgewählt haben, wurde in der folgenden Frage in einem Freitextfeld nach der jeweiligen Branche gefragt. Aufgrund dessen, dass 69 der Unternehmen die Einstufung der Branche als „Sonstige" gewählt haben, wurden die im Freitextfeld angegebenen Branchen analysiert und in folgende weitere Branchenkategorien eingeteilt: Maschinenbau, Dienstleistung, Baubranche, Energiewirtschaft, Lebensmittel, Stahl und Metall sowie Konsum. Diese Einteilung ergab, dass 14 Unternehmen aus der Branche Maschinenbau, 10 Unternehmen der Energiewirtschaft, 9 Unternehmen aus dem Dienstleistungsbereich, 7 Unternehmen aus dem Bereich Stahl und Metall, 6 Unternehmen aus der Baubranche, 5 Unternehmen aus dem Bereich Lebensmittel sowie 2 Unternehmen aus dem Bereich Konsum an der empirischen Untersuchung teilgenommen haben. 16 Unternehmen verbleiben unter „Sonstige" und können nicht weiter kategorisiert werden. Bei der Einteilung in Branchen muss beachtet werden, dass hier eine Mehrfachauswahl möglich war. Es ist somit nicht möglich die Anzahl der Unternehmen aus der Brancheneinteilung mit den 120 befragten Unternehmen abzustimmen.

4.1.2 Status quo

Die empirische Untersuchung zeigte, dass rund 81 % der befragten Unternehmen PA nicht im Controlling zur Erstellung von Forecasts nutzen. 19 % der befragten Unternehmen haben angegeben, dass sie PA im Controlling zur Erstellung von Forecasts einsetzen. In absoluten Zahlen bedeutet dies, dass 23 Unternehmen PA einsetzen und 97 Unternehmen PA nicht zur Forecast Erstellung nutzen. Dies wird auch aus Abbildung 4.2 deutlich.

4.1 Ergebnisse der empirischen Untersuchung

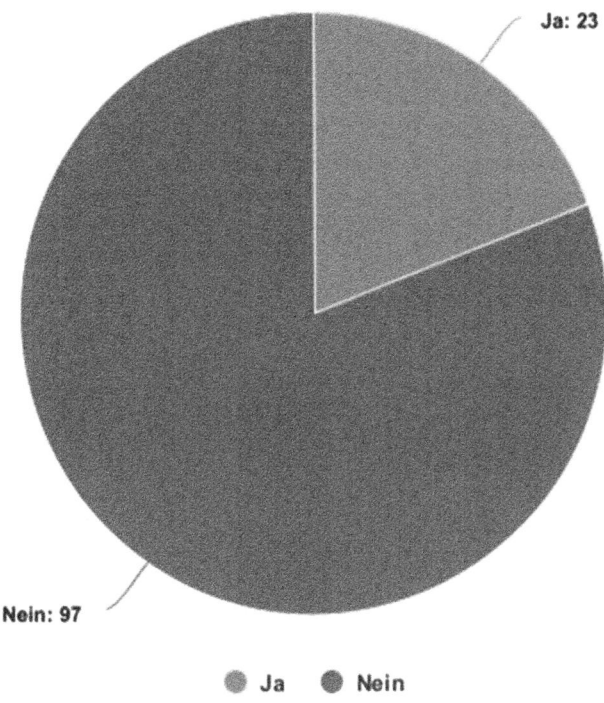

Abbildung 4.2 Einsatz von Predictive Analytics. (Quelle: Eigene Darstellung)

Betrachtet man den Zusammenhang zwischen dem Einsatz von PA im Controlling zur Erstellung von Forecasts und der Unternehmensgröße gemessen an der Mitarbeiterzahl, bildet sich folgendes Bild: Im Bereich der Unternehmen mit weniger als 250 Mitarbeitern gaben 5 % der Unternehmen an, dass sie PA im Controlling zur Erstellung eines Forecasts nutzen, wohingegen 95 % der Unternehmen angaben, dass sie es nicht einsetzen. Im Bereich der Unternehmen zwischen 250 und 750 Mitarbeitern gaben 9 % der Unternehmen an, dass sie PA einsetzen, wohingegen 91 % angaben, dass sie es nicht nutzen. Bei den Unternehmen mit mehr als 750 Mitarbeitern sind es 29 %, die angaben, PA im Controlling zur Erstellung von Forecasts zu nutzen und 71 % die es nicht einsetzen (Grafische Darstellung in Anhang C im elektronischen Zusatzmaterial).

In Bezug auf den Zusammenhang zwischen der Unternehmensgröße, gemessen am Jahresumsatz und dem Einsatz von PA im Controlling zur Erstellung von

Forecasts, ergab die empirische Untersuchung, dass 8 % der Unternehmen mit einem Jahresumsatz von weniger als 50 Millionen € angaben, dass PA genutzt wird. 92 % der Unternehmen dieser Kategorie gaben an, dass sie es nicht nutzen. Bei den Unternehmen mit einem Jahresumsatz von 50 bis 250 Millionen € gaben 93 % an, dass sie PA im Controlling nicht zur Erstellung von Forecasts nutzen, wohingegen 7 % PA einsetzen. Von den befragten Unternehmen mit einem Jahresumsatz von mehr als 250 Millionen € nutzen 31 % PA im Controlling zur Erstellung von Forecasts, wohingegen es 69 % der Unternehmen dieser Kategorie nicht einsetzen. Die aufgeführten Ergebnisse werden ebenfalls aus der Abbildung 4.3 deutlich.

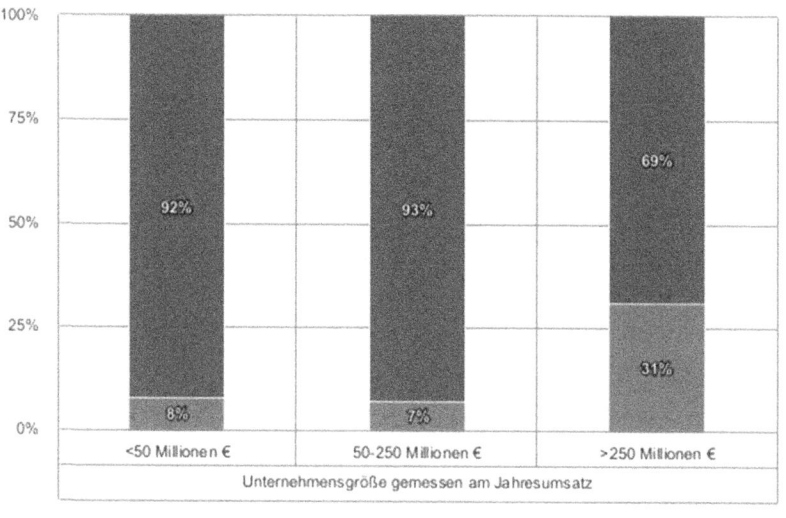

Abbildung 4.3 Zusammenhang zwischen dem Einsatz von PA und der Unternehmensgröße (Jahresumsatz). (Quelle: Eigene Darstellung)

Aus der Perspektive der Börsennotierung betrachtet, nutzen 10 der 18 börsennotierten Unternehmen PA im Controlling zur Erstellung von Forecasts, wohingegen 8 der börsennotierten Unternehmen es nicht einsetzen. Bei den

4.1 Ergebnisse der empirischen Untersuchung

102 nicht börsennotierten Unternehmen nutzen 13 Unternehmen PA, wohingegen es 89 Unternehmen nicht einsetzen. (Grafische Darstellung in Anhang D im elektronischen Zusatzmaterial).

Der Einsatz von PA im Controlling zur Erstellung von Forecasts in Zusammenhang mit der Branche zeigte, dass in der Automobilbranche 2 der 9 Unternehmen, PA einsetzen und 7 Unternehmen es nicht nutzen. Im Bereich Healthcare gaben 4 Unternehmen an, dass PA eingesetzt wird und 9 Unternehmen nutzen es hingegen nicht. In der Kategorie Transport und Logistik gab ein Unternehmen an PA einzusetzen, wohingegen 9 angaben PA nicht zu nutzen. Den Zusammenhang der weiteren Branchen und dem Einsatz von PA stellt die Tabelle 4.1 dar.

Tabelle 4.1 Zusammenhang zwischen dem Einsatz von PA und der Branche

Einsatz von PA			
Branche	JA	NEIN	Gesamt
Healthcare	4	9	13
Transport und Logistik	1	9	10
Automobil	2	7	9
Chemicals	4	5	9
Electronics	3	6	9
IT/Telekommunikation	3	5	8
Finanzen	1	6	7
Handel	0	7	7

Quelle: Eigene Darstellung

Bei den 14 Unternehmen, die aus dem Bereich Maschinenbau an der empirischen Untersuchung teilgenommen haben, gaben alle 14 Unternehmen an, dass sie PA im Controlling nicht zur Erstellung von Forecasts nutzen. Aus der Branche der Energiewirtschaft haben insgesamt 10 Unternehmen an der empirischen Untersuchung teilgenommen, wobei 3 Unternehmen angaben, dass sie PA einsetzen. Die anderen 7 Unternehmen gaben an, dass sie es nicht nutzen. Im Bereich der Dienstleistungsunternehmen gab ein Unternehmen an PA zu nutzen, wohingegen 8 angaben es nicht einzusetzen. Der Zusammenhang der weiteren Branchen und dem Einsatz von PA kann der Tabelle 4.2 entnommen werden.

Tabelle 4.2 Zusammenhang zwischen dem Einsatz von PA und den sonstigen Branchen

Einsatz von PA			
Branche	JA	NEIN	Gesamt
Maschinenbau	0	14	14
Energiewirtschaft	3	7	10
Dienstleistung	1	8	9
Stahl und Metall	1	6	7
Baubranche	1	5	6
Lebensmittel	1	4	5
Konsum	0	2	2
Sonstige	3	13	16

Quelle: Eigene Darstellung

4.1.3 Gründe gegen die Nutzung von Predictive Analytics

Um zu verstehen, warum 97 der befragten 120 Unternehmen PA im Controlling nicht zur Forecast Erstellung einsetzen, wurden diese Unternehmen in der empirischen Untersuchung nach den Gründen gefragt, die im jeweiligen Unternehmen gegen den Einsatz von PA sprechen. Vor der empirischen Untersuchung wurden verschiedene Antwortmöglichkeiten definiert, die der folgenden Grafik entnommen werden können. Hierbei muss beachtet werden, dass bei dieser Frage eine Mehrfachauswahl möglich war. Somit kann die Anzahl der Antworten bei dieser Frage nicht mit den 97 Unternehmen, die angaben, PA nicht einzusetzen, abgestimmt werden. Mit 59 Nennungen wurde am häufigsten „Fehlendes Know-how in Bezug auf PA" als Grund ausgewählt, warum es im jeweiligen Unternehmen nicht eingesetzt wird. Der Grund „Hoher Aufwand bei der Implementierung (Kosten und Zeit)" wurde mit 50 Nennungen am zweithäufigsten angegeben. Als dritthäufigster Grund wurde mit 27 Nennungen „Fehlende Prognostizierung von Sondersachverhalten/einmaligen Ereignissen" von den jeweiligen Unternehmen ausgewählt. Das Rating der verbleibenden Gründe kann der Abbildung 4.4 entnommen werden.

4.1 Ergebnisse der empirischen Untersuchung

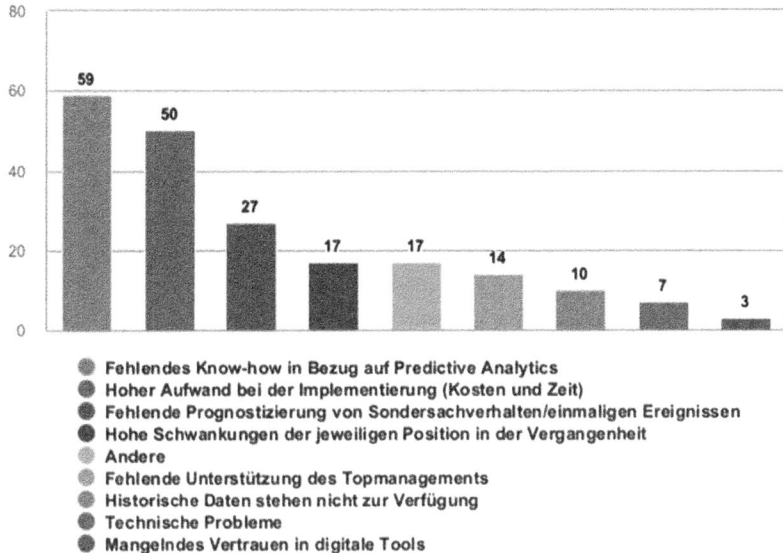

Abbildung 4.4 Gründe gegen den Einsatz von PA. (Quelle: Eigene Darstellung)

In Bezug auf die Kategorie „Andere" soll angemerkt werden, dass die Unternehmen, die „Andere" als Grund auswählten, im Verlauf der empirischen Untersuchung gebeten wurden in einem Freitextfeld anzugeben, was das jeweilige Unternehmen unter „Andere" versteht. Zusammenfassend wurden folgende Gründe in diesem Freitextfeld aufgeführt: Zeitmangel, kein Budget, aktuell andere Schwerpunkte, geringer erwarteter Mehrwert, fehlende Kosten-Nutzen-Analyse, notwendige Datenqualität nicht verfügbar, traditionelle Methoden liefern ausreichende Vorhersagen. Hier wurden „Zeitmangel" und „traditionelle Methoden liefern ausreichende Vorhersagen" am häufigsten genannt.

Wird der Zusammenhang der Gründe gegen den Einsatz von PA zur Erstellung von Forecasts im Controlling und der Unternehmensgröße gemessen an der Mitarbeiterzahl betrachtet, zeigte die empirische Untersuchung, dass das Ranking der Gründe je nach Unternehmensgröße unterschiedlich ist. Die Unternehmen mit weniger als 250 Mitarbeitern haben „Hoher Aufwand bei der Implementierung (Kosten und Zeit)" am häufigsten als Grund ausgewählt. Am zweithäufigsten wurde „Fehlendes Know-how in Bezug auf PA" in dieser Kategorie angegeben. „Fehlende Prognostizierung von Sondersachverhalten/einmaligen Ereignissen" wurde bei diesen Unternehmen am dritthäufigsten genannt. Leicht verändert ist das Bild bei den Unternehmen mit 250–750 Mitarbeitern. Hier wurde „Fehlendes Know-how in Bezug auf PA" am häufigsten ausgewählt. Danach folgte der Grund „Hoher Aufwand bei der Implementierung (Kosten und Zeit)". Am dritthäufigsten wurde hier zum einen der Grund „Fehlende Prognostizierung von Sondersachverhalten/einmaligen Ereignissen" angegeben und zum anderen „Fehlende Unterstützung des Topmanagements". Bei den Unternehmen mit mehr als 750 Mitarbeitern wurde am häufigsten „Fehlendes Know-How in Bezug auf PA" ausgewählt, worauf an zweiter Stelle der Grund „Hoher Aufwand bei der Implementierung (Kosten und Zeit)" folgte. Am dritthäufigsten wurde „Fehlende Prognostizierung von Sondersachverhalten/einmaligen Ereignissen" genannt. Die Anzahl sowie das Ranking der weiteren Gründe, kann aus der Abbildung 4.5 entnommen werden. Auch hier war eine Mehrfachauswahl möglich.

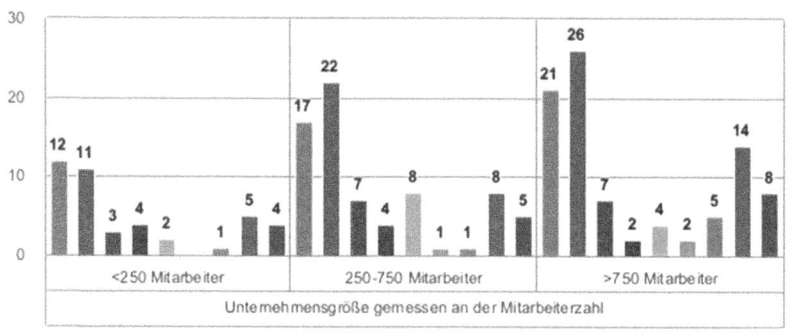

Abbildung 4.5 Gründe gegen den Einsatz von PA in Zusammenhang mit der Unternehmensgröße (Mitarbeiterzahl). (Quelle: Eigene Darstellung)

4.1 Ergebnisse der empirischen Untersuchung

Die Verteilung der Gründe gegen den Einsatz von PA im Controlling zur Erstellung von Forecasts in Zusammenhang mit der Unternehmensgröße gemessen am Jahresumsatz wird aus der Abbildung 4.6 deutlich. Auch hier war eine Mehrfachauswahl möglich.

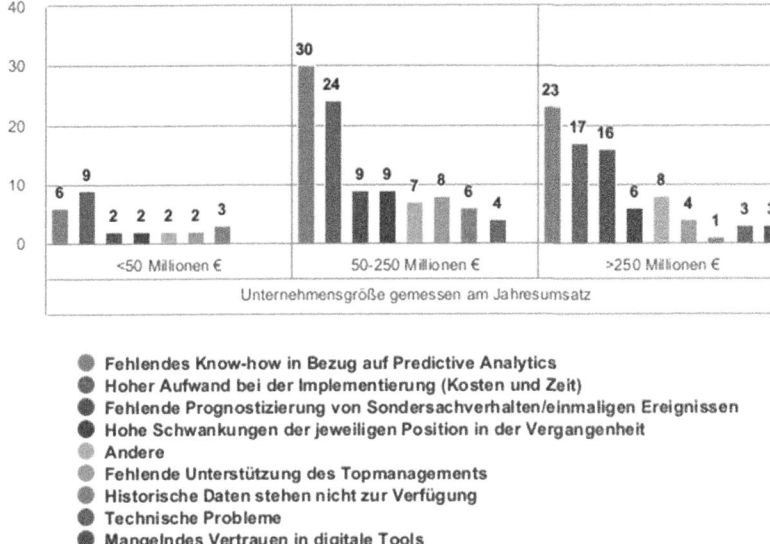

Abbildung 4.6 Gründe gegen den Einsatz von PA in Zusammenhang mit der Unternehmensgröße (Jahresumsatz). (Quelle: Eigene Darstellung)

Prüft man den Zusammenhang zwischen der Börsennotierung und den Gründen, die am häufigsten gegen den Einsatz von PA genannt werden, ergaben sich aus der empirischen Untersuchung in dem Top 3 Ranking geringfügige Unterschiede. Die Unternehmen, die an der Börse notiert sind, gaben am häufigsten „Fehlendes Know-how in Bezug auf PA" an. Dies ist auch bei den nicht börsennotierten Unternehmen der am häufigsten genannte Grund. Am zweithäufigsten wurde von den börsennotierten Unternehmen „Fehlende Prognostizierung von Sondersachverhalten/einmaligen Ereignissen", sowie „Hohe Schwankungen der jeweiligen Position in der Vergangenheit" angegeben. Bei den nicht börsennotierten Unternehmen wurde hingegen am zweithäufigsten „Hoher Aufwand bei der Implementierung (Kosten und Zeit)" genannt. Dieser Grund wurde bei den börsennotierten Unternehmen am dritthäufigsten ausgewählt. Die nicht börsennotierten Unternehmen haben am dritthäufigsten „Fehlende Prognostizierung von Sondersachverhalten/einmaligen Ereignissen" angegeben. Die Nennung der verbleibenden Gründe im Zusammenhang mit der Börsennotierung kann aus Anhang E im elektronischen Zusatzmaterial entnommen werden.

4.1.4 Nutzung von Predictive Analytics

In der empirischen Untersuchung gaben 23 Unternehmen an, dass sie PA im Controlling zur Erstellung von Forecasts nutzen. Von diesen 23 Unternehmen gaben 18 Unternehmen an, dass sie PA zur Erstellung des Umsatz Forecasts einsetzen. Damit ist Umsatz die Position, für die laut der durchgeführten empirischen Untersuchung am häufigsten ein Forecast mittels PA erstellt wird. 12 Unternehmen gaben an PA für die Erstellung des Forecasts der Produktionskosten einzusetzen. Am dritthäufigsten wird PA für die Erstellung des Forecasts der Administrationskosten genutzt. Die Häufigkeit der Nennungen der weiteren Positionen kann der Tabelle 4.3 entnommen werden. Hierbei ist zu beachten, dass bei dieser Frage eine Mehrfachauswahl möglich war.

Tabelle 4.3 Positionen für den Einsatz von PA

Position	Anzahl
Umsatz	18
Produktionskosten	12
Administrationskosten	9
Sonstige Kosten/Erträge	8
EBIT	6
Sonstige Produktionskosten	6
Marketingkosten	6
Logistikkosten	6
EBITDA	6
Bruttogewinn	5
Accounts Receivables	4
Forschungs- und Entwicklungskosten	4
Net Working Capital	4

(Fortsetzung)

4.1 Ergebnisse der empirischen Untersuchung

Tabelle 4.3 (Fortsetzung)

Position	Anzahl
Abschreibungen	4
Andere	3
Inventory	2
Accounts Payables	2

Quelle: Eigene Darstellung

Um die Gründe zu erfahren, warum die jeweilige Position für einen Forecast mittels PA ausgewählt wurde, wurden vorab folgende Auswahlmöglichkeiten definiert: „Regelmäßigkeit der Daten/geringe Schwankungen", „Verfügbarkeit der historischen Daten", „Probleme/Ungenauigkeit des manuellen Forecasts" sowie „Andere". Die empirische Untersuchung zeigte, dass am häufigsten der Grund „Verfügbarkeit der historischen Daten" von den Unternehmen genannt wurde. Am zweithäufigsten wurde der Grund „Probleme/Ungenauigkeit des manuellen Forecasts" genannt und am dritthäufigsten „Regelmäßigkeit der Daten/geringe Schwankungen". Unter „Andere" wurde im Freitextfeld außerdem angegeben, dass die jeweilige Position ausgewählt wurde, da es sich um die wichtigste Steuerungsgröße bzw. den Treiber des Ergebnisses handelt. Die Anzahl der Nennungen kann aus der Abbildung 4.7 entnommen werden. Auch hier ist zu beachten, dass bei dieser Frage eine Mehrfachauswahl möglich war.

Betrachtet man die Gründe für die Auswahl der jeweiligen Position zeigte sich, dass beim Umsatz am häufigsten der Grund „Probleme/Ungenauigkeit des manuellen Forecasts" ausgewählt wurde. Danach folgte am zweithäufigsten der Grund „Verfügbarkeit der historischen Daten" und danach der Grund „Regelmäßigkeit der Daten/geringe Schwankungen". Für die Produktionskosten wurde am häufigsten „Verfügbarkeit der historischen Daten" als Grund für die Auswahl der Position genannt. Darauf folgte der Grund „Probleme/Ungenauigkeit des manuellen Forecasts". Am dritthäufigsten wurde auch hier der Grund „Regelmäßigkeit der Daten/geringe Schwankungen" genannt. Bei den Administrationskosten zeigte sich bei der Nennung der Gründe die gleiche Reihenfolge wie bei den Produktionskosten. Die Reihenfolge der Gründe, warum die anderen Positionen für den Einsatz eines PA Forecasts ausgewählt wurden, kann der Tabelle in Anhang F im elektronischen Zusatzmaterial entnommen werden. Hierbei ist zu beachten, dass pro Unternehmen mehrere Gründe ausgewählt werden konnten.

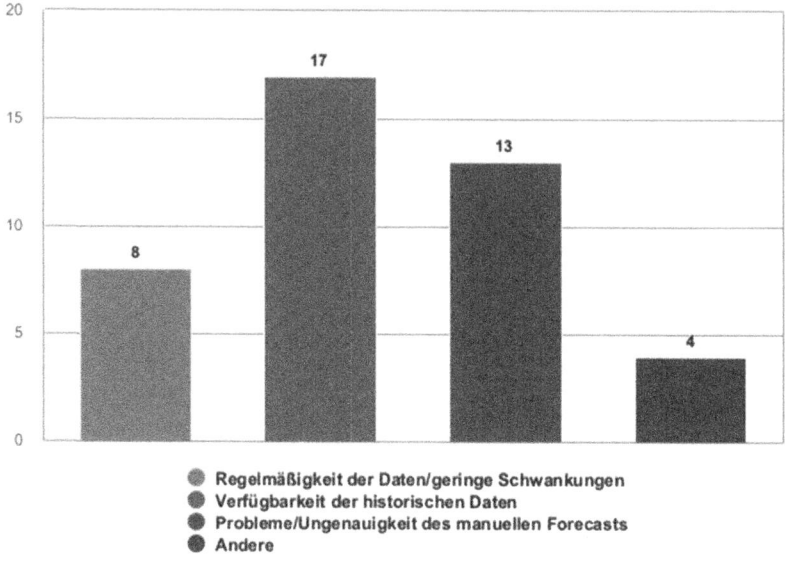

Abbildung 4.7 Gründe für die Auswahl der Positionen. (Quelle: Eigene Darstellung)

Um festzustellen welcher Bereich in dem jeweiligen Unternehmen für die Erstellung des PA Forecasts verantwortlich ist, wurden die Bereiche „Controlling", „Data Science", „IT" sowie „Andere" vorab als Auswahlmöglichkeiten definiert. Hierbei hat sich in der empirischen Untersuchung gezeigt, dass am häufigsten der Bereich „Controlling" ausgewählt wurde. Am zweithäufigsten wurde „Data Science" genannt und am dritthäufigsten „IT". Hierbei ist zu beachten, dass die Unternehmen mehrere Bereiche auswählen konnten. Da der Bereich „Andere" nur einmal genannt wurde, wird an dieser Stelle auf weitere Details verzichtet. Die Häufigkeiten können der Abbildung 4.8 entnommen werden.

4.1 Ergebnisse der empirischen Untersuchung

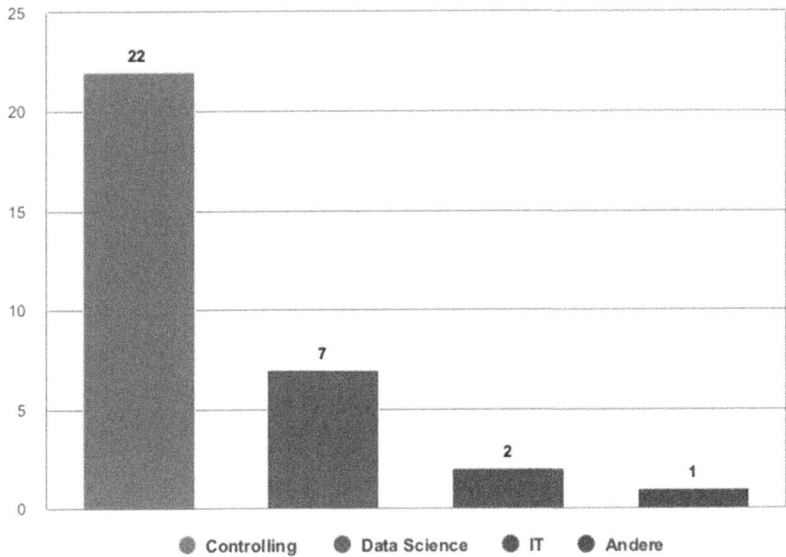

Abbildung 4.8 Forecast Verantwortlichkeit. (Quelle: Eigene Darstellung)

Bei der Auswahl des Tools, welches für die Erstellung des PA Forecasts eingesetzt wird, zeigte die durchgeführte empirische Untersuchung, dass am häufigsten Excel zur Erstellung des PA Forecasts genutzt wird. Darauf folgt an zweiter Stelle Python und an dritter Stelle Sonstige. Unter Sonstige wurde im darauffolgenden Freitextfeld zwei Mal IBM Planning Analytics und zwei Mal Lucanet genannt. Da die anderen Tools im Freitextfeld jeweils nur einmal genannt wurden, soll darauf nicht weiter eingegangen werden. Die Tools Palantir Foundry, SPSS, SAS, Business Objects Suite und Crystal Ball wurden von keinem der Unternehmen ausgewählt und werden aufgrund dessen in der Tabelle 4.4 nicht aufgeführt. Eine Mehrfachwahl war möglich.

Tabelle 4.4 Nutzung von Tools für den Einsatz von Predictive Analytics

Tool	Anzahl
Excel	11
Python	9
Sonstige	7
SAP Analytics Cloud	5
R	5
Aws	2
Tableau	2
Qlik	1

Quelle: Eigene Darstellung

Betrachtet man den Zusammenhang zwischen der Auswahl der genutzten Tools und der jeweiligen Forecast Position, kann für die drei am häufigsten ausgewählten Positionen, bestätigt werden, dass Excel am häufigsten zur Erstellung eines PA Forecasts genutzt wird. Für die Positionen Produktionskosten und Administrationskosten wurde mit derselben Häufigkeit wie Excel zudem Python am häufigsten genannt. Für die Position Umsatz wurde am zweithäufigsten Python angegeben. Für die Produktionskosten folgten mit den zweithäufigsten Nennungen SAP Analytics Cloud und R. Bei den Administrationskosten wurde am zweithäufigsten „Sonstige" ausgewählt, wobei hier hauptsächlich Lucanet im Freitextfeld genannt wurde. Am dritthäufigsten wurde für die Position Umsatz SAP Analytics Cloud und Sonstige genannt. Bei den Produktionskosten folgten an dritter Stelle aws, Tableau und Sonstige. Für die Administrationskosten wurde am dritthäufigsten SAP Analytics Cloud, aws, sowie R genannt. Die Häufigkeit der weiteren Tools kann der Tabelle 4.5 entnommen werden.

4.1 Ergebnisse der empirischen Untersuchung

Tabelle 4.5 Nutzung von Tools für die Top 3 Positionen

Tool	Umsatz	Produktionskosten	Administrationskosten
Excel	8	5	5
Python	5	5	5
Sonstige	4	2	4
SAP Analytics Cloud	4	3	2
R	2	3	2
Aws	1	2	2
Tableau	2	2	1
Qlik	1	1	0

Quelle: Eigene Darstellung

Um zu erfahren auf welchen Daten der Forecast mittels PA in den Unternehmen jeweils aufbaut, wurden vorab vier Auswahlmöglichkeiten definiert. Hierbei zeigte sich, dass die Unternehmen mit Abstand am häufigsten „Historische unternehmensinterne Daten" nutzen, um einen Forecast mittels PA zu erstellen. Am zweithäufigsten wurde „Zukünftige unternehmensinterne Entwicklungen" ausgewählt. Danach folgten die „Historischen unternehmensexterne Daten" und dann die „Zukünftigen unternehmensexterne Entwicklungen". Die Auswahlmöglichkeit „Andere" wurde hier einmal angegeben, wobei im folgenden Freitextfeld „Allgemeine externe Daten z. B. Feiertage, Ferien, Großveranstaltungen" angegeben wurde. Bei dieser Frage ist zu beachten, dass die Unternehmen eine Mehrfachauswahl tätigen konnten. Die Abbildung 4.9 zeigt die Häufigkeiten, mit der die jeweiligen Daten von den Unternehmen ausgewählt wurden.

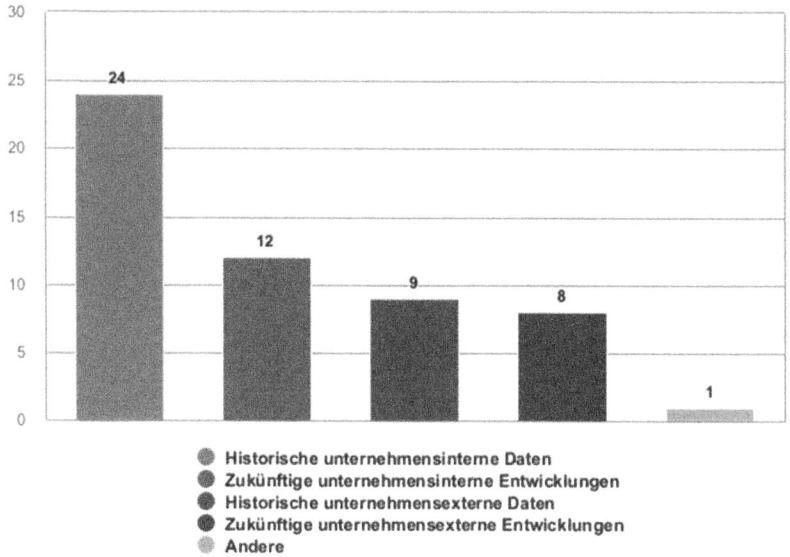

Abbildung 4.9 Berücksichtigung von Daten. (Quelle: Eigene Darstellung)

Um zu verstehen, welcher Aufwand nötig ist, um für einen Forecast mittels PA eine hohe Vorhersagegenauigkeit erzielen zu können, wurde in der empirischen Untersuchung zudem gefragt, ob die historischen Daten um Sondereffekte bereinigt wurden. Hierbei zeigte sich, dass rund 78 % der Unternehmen, die PA im Controlling zur Erstellung eines Forecasts nutzen, die zugrundeliegenden historischen Daten um Sondereffekte bereinigten. Wie in Tabelle 4.6 gezeigt haben rund 22 % der Unternehmen die zugrundeliegenden historischen Daten nicht um Sondereffekte bereinigt.

Tabelle 4.6 Bereinigung der Daten um Sondereffekte

Antwort	Häufigkeit	In %
Ja	18	78 %
Nein	5	22 %
Gesamt	23	100 %

Quelle: Eigene Darstellung

4.1 Ergebnisse der empirischen Untersuchung

Auf die Frage, ob durch die Bereinigung der Sondereffekte bei den zugrundeliegenden historischen Daten die Vorhersagegenauigkeit des Forecasts erhöht werden konnte, gaben alle 18 Unternehmen, die die zugrundeliegenden Daten um Sondereffekte bereinigt haben, an, dass hierdurch die Vorhersagegenauigkeit erhöht werden konnte.

Für die Unternehmen, die angaben, dass sie die zugrundeliegenden historischen Daten nicht um Sondereffekte bereinigt hatten, wurde in der empirischen Untersuchung als nächstes die Frage gestellt, ob sie Tests durchführten, ob durch die Bereinigung der Sondereffekte die Vorhersagegenauigkeit hätte erhöht werden können. Hierbei zeigte sich, dass 2 Unternehmen dies getestet hatten und 3 Unternehmen nicht. Die entsprechende Tabelle ist in Anhang G im elektronischen Zusatzmaterial abgebildet.

Schaut man sich den Zusammenhang zwischen den Faktoren, die für die Erstellung des PA Forecasts herangezogen werden und den drei Positionen (Umsatz, Produktionskosten, Administrationskosten), für die am häufigsten ein PA Forecast eingesetzt wird, an, zeigt sich folgendes Bild. Für alle drei Positionen ging aus der durchgeführten empirischen Untersuchung hervor, dass am häufigsten historische unternehmensinterne Daten zur Erstellung des PA Forecasts genutzt werden. Für die Umsätze werden am zweithäufigsten die historischen unternehmensexternen Daten sowie zukünftige unternehmensinterne Entwicklungen herangezogen. An dritter Stelle folgten die zukünftigen unternehmensexternen Entwicklungen. Bei den Produktionskosten werden am zweithäufigsten die zukünftigen unternehmensinternen Entwicklungen zur Erstellung des Forecasts genutzt. Darauf folgten die historischen unternehmensexternen Daten an dritter Stelle. Für die Administrationskosten ergab die empirische Untersuchung die gleiche Reihenfolge wie bei den Produktionskosten. Abbildung 4.10 verdeutlicht die Reihenfolge grafisch. Hierbei ist zu beachten, dass eine Mehrfachauswahl bei der Frage für die Auswahl der Position und zum anderen auch bei den Daten, die zur Erstellung genutzt werden, möglich war.

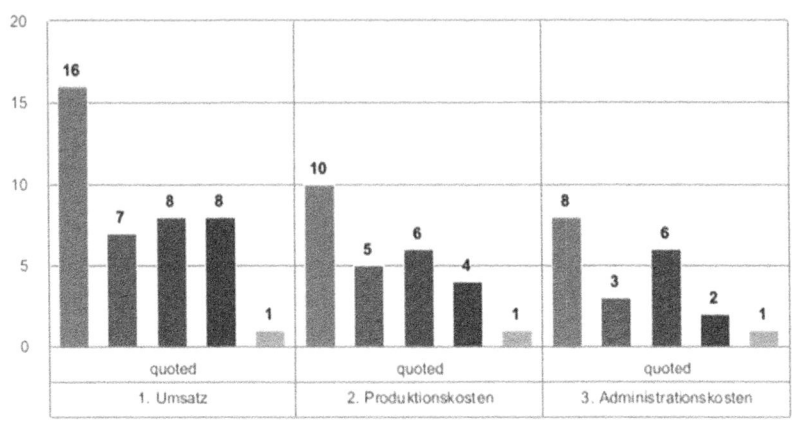

Abbildung 4.10 Berücksichtigung von Daten anhand der Top 3 Positionen. (Quelle: Eigene Darstellung)

Des Weiteren zeigte die empirische Untersuchung, dass der PA Forecast hauptsächlich für einen Zeitraum von 3 bis 12 Monaten erstellt wird. Am zweithäufigsten wurde angegeben, dass der Forecast für einen Zeitraum von mehr als 12 Monaten erstellt wird. Danach folgte der Zeitraum von 0 bis 3 Monaten wie aus der Abbildung 4.11 deutlich wird.

4.1 Ergebnisse der empirischen Untersuchung

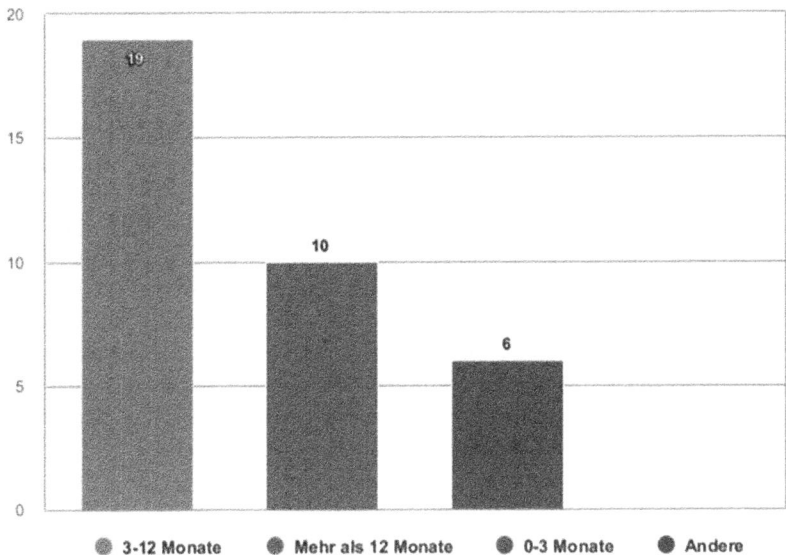

Abbildung 4.11 Forecast Zeitraum. (Quelle: Eigene Darstellung)

In Bezug auf die Art der Planung zeigte sich, dass im Vergleich zwischen rollierender Planung[3] und revolvierender Planung,[4] die rollierende Planung häufiger zur Erstellung eines PA Forecasts eingesetzt wird (Grafische Darstellung in Anhang H im elektronischen Zusatzmaterial).

Des Weiteren zeigte die empirische Untersuchung, dass ein PA Forecast am häufigsten auf Ebene der Unternehmenssektoren/Geschäftsbereiche erstellt wird. Am zweithäufigsten wurde Unternehmensebene/Konzernebene als die zugrundeliegende Granularität angegeben. Darauf folgte die Ebene Länder/Regionen und danach die Produktebene (Grafische Darstellung in Anhang I im elektronischen Zusatzmaterial).

---

[3] Bei der rollierenden Planung wird immer ein konstanter Planungshorizont berücksichtigt. Dabei werden die nahe in der Zukunft liegenden Perioden detailliert geplant und die weiter entfernten Perioden werden eher grob geplant (ICV, n.d.).

[4] Bei der revolvierenden Planung werden die zukünftigen Pläne und deren zugrundeliegenden Annahmen, nach Ablauf eines Zeitabschnittes, immer vollständig neu überprüft und geplant (Küpper et al., 2013, S. 409).

Um erkennen zu können wie die Vorhersagegenauigkeit des PA Forecasts gemessen wird, wurde in der empirischen Untersuchung gefragt, welches Fehlermaß zur Überprüfung der Vorhersagegenauigkeit eingesetzt wird. Hierbei zeigte sich, dass die Unternehmen am häufigsten den MAE[5] (Mittlerer absoluter Fehler) nutzen. Darauf folgte am zweithäufigsten der MAPE (Mittlerer absoluter prozentualer Fehler). Am dritthäufigsten wurde die Auswahlmöglichkeit „Andere" genutzt.

Im folgenden Freitextfeld wurde der SMAPE[6] angegeben sowie dass die Auswahl des Fehlermaßes von der jeweiligen Position, für die der Forecast erstellt wird, abhängig ist. Mit geringeren Häufigkeiten werden der WMAPE[7] (Gewichteter mittlerer absoluter prozentualer Fehler), der MSE[8] (Mittlerer quadratischer Fehler) und der WAPE[9] (Gewichteter absoluter prozentualer Fehler) eingesetzt, um die Vorhersagegenauigkeit zu überprüfen. Die angegebenen Häufigkeiten können der Abbildung 4.12 entnommen werden. Hierbei ist zu beachten, dass bei der Frage nach dem Fehlermaß eine Mehrfachauswahl möglich war.

---

[5] Der MAE ist der mittlere absolute Fehler und berechnet den Durchschnitt der Abweichungen zwischen den Ist-Werten und den Prognose-Werten (Jedox GmbH, 2021).

[6] Der SMAPE baut auf dem MAPE auf und soll dessen Schwachstellen überwinden, indem der symmetrische prozentuale Fehler kalkuliert wird. Hierbei wird der Mittelwert der absoluten Ist-Werte, sowie der Mittelwert der absoluten vorhergesagten Werte berücksichtig. Im Vergleich zum MAPE liefert der SMAPE bessere Werte, wenn die Daten extrem Werte enthalten (Jain, 2024).

[7] Der WMAPE ist eine Weiterentwicklung des WAPE und wird als gewichteter mittlerer absoluter prozentualer Fehler bezeichnet. Er berechnet den gewichteten Durchschnitt des mittleren absoluten prozentualen Fehlers (Jedox GmbH, 2021).

[8] Der MSE ist der mittlere quadratische Fehler und berücksichtigt in der Berechnung, sowohl die Verteilung der vorhergesagten Werte zueinander, als auch die Abweichungen zum jeweiligen Ist-Wert (Jedox GmbH, 2021).

[9] Der WAPE ist der gewichtete absolute Fehler und berechnet den gewichteten Durchschnitt des mittleren absoluten Fehlers (Jedox GmbH, 2021).

4.1 Ergebnisse der empirischen Untersuchung

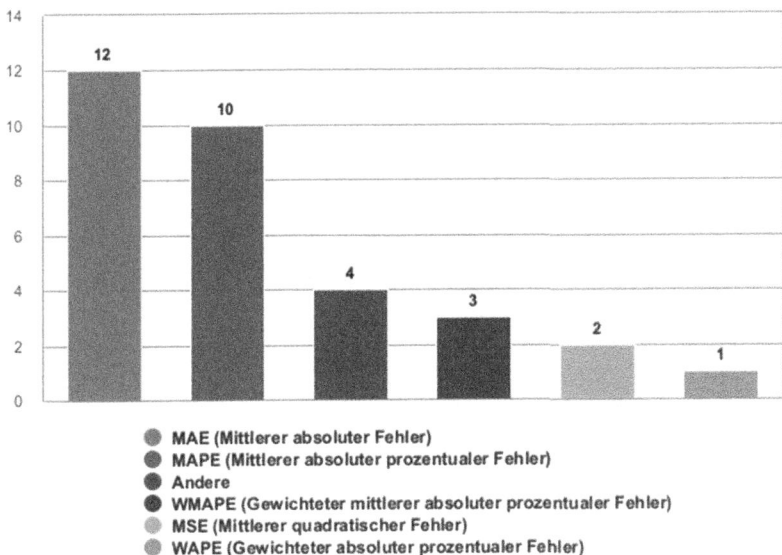

Abbildung 4.12 Einsatz des Fehlermaßes. (Quelle: Eigene Darstellung)

Die empirische Untersuchung zeigte, dass laut 21 Unternehmen die Vorhersagegenauigkeit durch den Einsatz von PA erhöht werden konnte. Lediglich ein Unternehmen gab an, dass durch den Einsatz von PA die Vorhersagegenauigkeit nicht erhöht werden konnte. Ein Unternehmen hat diese Frage nicht beantwortet, wodurch diese Frage von insgesamt 22 Unternehmen beantwortet wurde. Die dazugehörige Grafik ist in Anhang J im elektronischen Zusatzmaterial abgebildet.

Um die Vorteile zu verstehen, die durch den Einsatz von PA im Controlling bei der Erstellung von Forecasts entstehen, wurden in der empirischen Untersuchung verschiedene Vorteile als Auswahlmöglichkeiten zur Verfügung gestellt. Selbstverständlich konnten die Unternehmen auch unter „Andere" in einem Freitextfeld weitere Gründe angeben, falls weitere Vorteile entstanden sind, die nicht in den Auswahlmöglichkeiten aufgelistet waren. Die empirische Untersuchung zeigte, dass von den Unternehmen am häufigsten „Möglichkeit Analysen schneller durchzuführen (Beschleunigung des Prozesses)" als Vorteil ausgewählt wurde. Darauf folgt „Erhöhung der Vorhersagegenauigkeit (Reduktion des Fehlermaßes)" und danach „Effizienzsteigerung (Automatisierung von Prozessschritten)". Des

Weiteren folgte mit einer hohen Häufigkeit zuerst „Berücksichtigung von größeren Datenmengen" und danach „Nutzung der Ressourcen für andere Tätigkeiten". Der „Abbau von Ressourcen" wurde einmal genannt. Die Anzahl der Nennungen kann der Abbildung 4.13 entnommen werden. Es muss beachtet werden, dass hier eine Mehrfachauswahl möglich war.

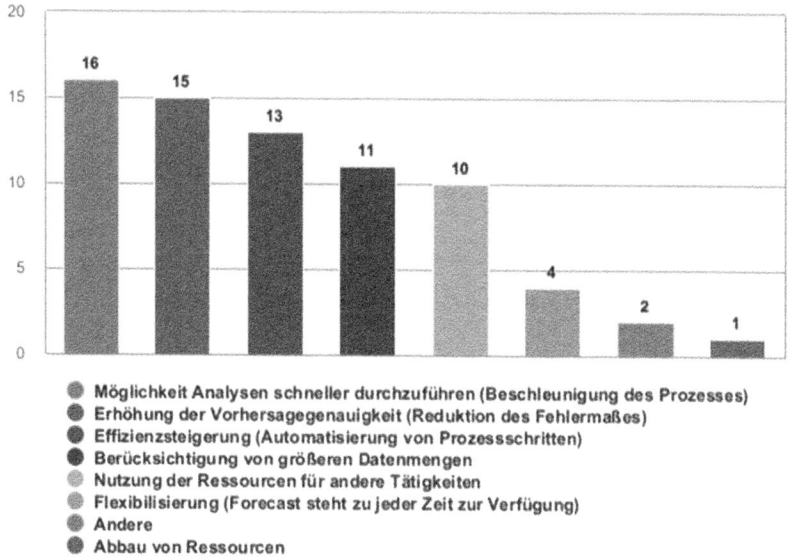

Abbildung 4.13 Vorteile durch den Einsatz von PA. (Quelle: Eigene Darstellung)

Für die Nutzung des PA Forecasts gaben 41 % der Unternehmen an, dass sie parallel zu dem PA Forecast einen manuellen Forecast erstellen, mit dem sie den PA Forecast auf Plausibilität überprüfen können. Als Forecast Wert nutzen diese Unternehmen in der Regel den manuellen Forecast. Weitere 41 % der Unternehmen gaben an, dass sie zur Plausibilisierung des PA Forecasts einen manuellen Forecast erstellen, sich in der Regel aber an dem Wert des PA Forecasts orientieren. Wie Abbildung 4.14 zeigt gaben 18 % der Unternehmen an, dass sie nur den PA Forecast für die jeweilige Position nutzen.

4.1 Ergebnisse der empirischen Untersuchung

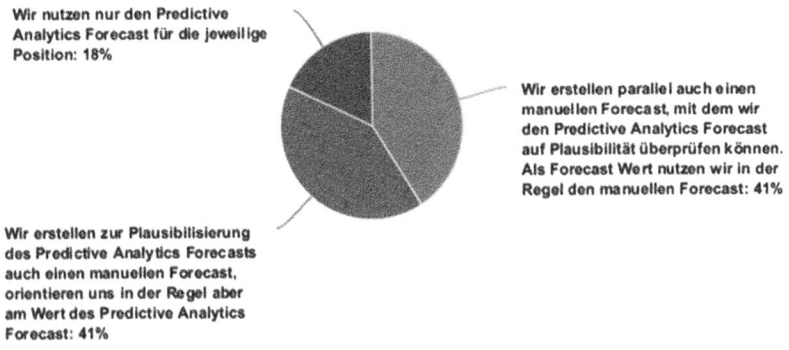

Abbildung 4.14 Nutzung des PA Forecasts. (Quelle: Eigene Darstellung)

Als größte Herausforderung nach der Implementierung wurde am häufigsten der „Aufbau von Vertrauen genannt, da nicht alle Logiken des Algorithmus erkennbar/durchschaubar sind". Darauf folgte die „Regelmäßigkeit der Datenbereinigung" und danach der „Mindset Change" bei den Anwendern/Usern. Unter Sonstige wurde die kontinuierliche Anpassung der Modelle an die Geschäfts- und Marktveränderungen in einem Freitextfeld genannt.

In Bezug auf die Veränderungen der Tätigkeiten der Controller durch die Einführung eines PA Forecasts, ergab die empirische Untersuchung, dass das Know-how in Bezug auf PA erarbeitet werden musste. Am zweithäufigsten wurde genannt, dass bisherige Tätigkeiten der Controller zum Teil weggefallen sind. Danach folgte, dass die Controller nun mehr Zeit haben, um Handlungsempfehlungen abzuleiten. Die weiteren Veränderungen in den Tätigkeiten können der Grafik in Anhang K im elektronischen Zusatzmaterial entnommen werden.

Des Weiteren zeigte die empirische Untersuchung, dass rund 45 % der Unternehmen, die bereits PA im Controlling zur Erstellung von Forecasts nutzen, angaben, dass für die Implementierung ein Budget in Höhe von weniger als 50.000 € notwendig war. Rund 23 % gaben an, dass ein Budget zwischen 50.000 € und 250.000 € für die Einführung eines PA Forecasts notwendig war. Rund 32 % gaben an, dass mehr als 250.000 € benötigt wurden. Die Abbildung 4.15 verdeutlicht dies.

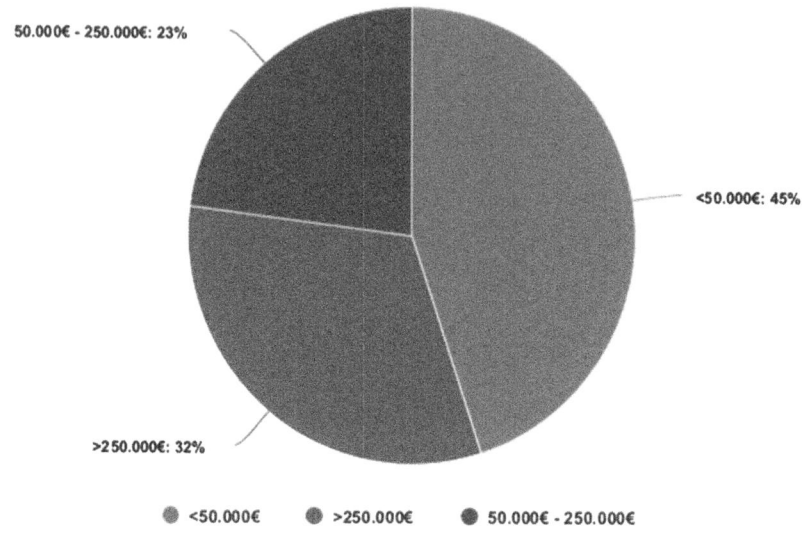

Abbildung 4.15 Budget für die Implementierung. (Quelle: Eigene Darstellung)

Eine weitere Frage der empirischen Untersuchung war die Frage nach den an der Implementierung beteiligten Bereichen. Hierbei wurde von den Unternehmen am häufigsten das Controlling genannt. Darauf folgte am zweithäufigsten die IT und danach der Data Science Bereich. Am vierthäufigsten wurden Externe Beratungs-/IT-Unternehmen genannt. Hierbei ist zu beachten, dass bei dieser Frage eine Mehrfachauswahl möglich war. Die Anzahl der Nennungen kann der Abbildung 4.16 entnommen werden.

Die empirische Untersuchung ergab, dass für die Implementierung eines PA Forecasts bei 32 % der Unternehmen weniger als 6 Monate benötigt wurden. Ebenfalls 32 % der Unternehmen gaben an, dass sie zwischen 6 und 12 Monaten benötigten. Rund 36 % benötigten laut der empirischen Untersuchung länger als 12 Monate (Grafische Darstellung in Anhang L im elektronischen Zusatzmaterial).

4.1 Ergebnisse der empirischen Untersuchung

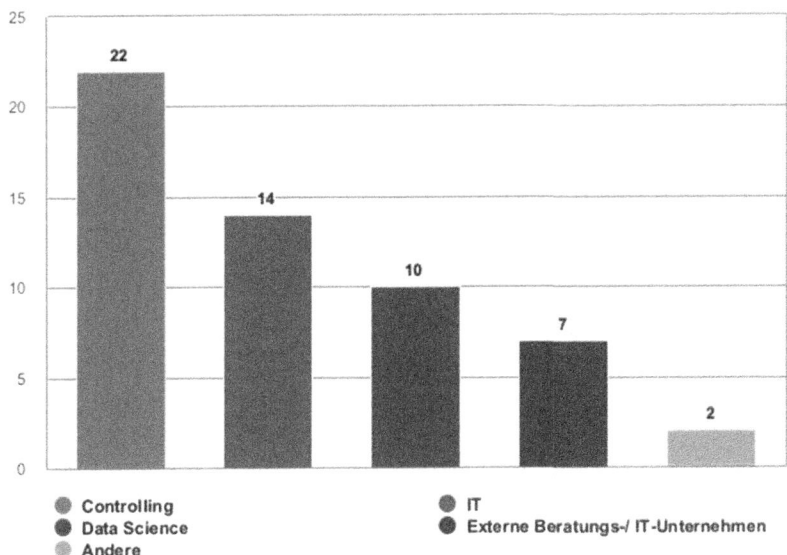

Abbildung 4.16 Beteiligung der Bereiche an der Implementierung. (Quelle: Eigene Darstellung)

Als Herausforderung während der Implementierung wurde von den Unternehmen am häufigsten „Aufbau von Know-how in Bezug auf PA" genannt. Darauf folgt die Herausforderung „Bereinigung der historischen Daten". Am dritthäufigsten wurde „Aufbau von Vertrauen, da nicht alle Logiken des Algorithmus erkennbar/durchschaubar sind" als Herausforderung während der Implementierung ausgewählt. Dicht darauf folgte der „Mindset Change bei Anwendern/ Usern" und danach „Hoher Aufwand bei der Implementierung (Kosten und Zeit)". Die angegebenen Häufigkeiten der einzelnen Herausforderungen können der Abbildung 4.17 entnommen werden. Hierbei muss beachtet werden, dass eine Mehrfachauswahl möglich war.

In Bezug auf das Vorgehen bei der Implementierung gaben 14 Unternehmen an, dass sie zuerst mit einem Pilotprojekt begonnen und einen PA Forecast für eine Position eingeführt haben. 5 Unternehmen gaben an, dass sie einen PA Forecast bereits für alle oben aufgeführten Positionen implementiert haben. Wie die Abbildung 4.18 zeigt gaben lediglich 2 Unternehmen an einen PA Forecast gleich zu Beginn für mehrere Positionen eingeführt zu haben.

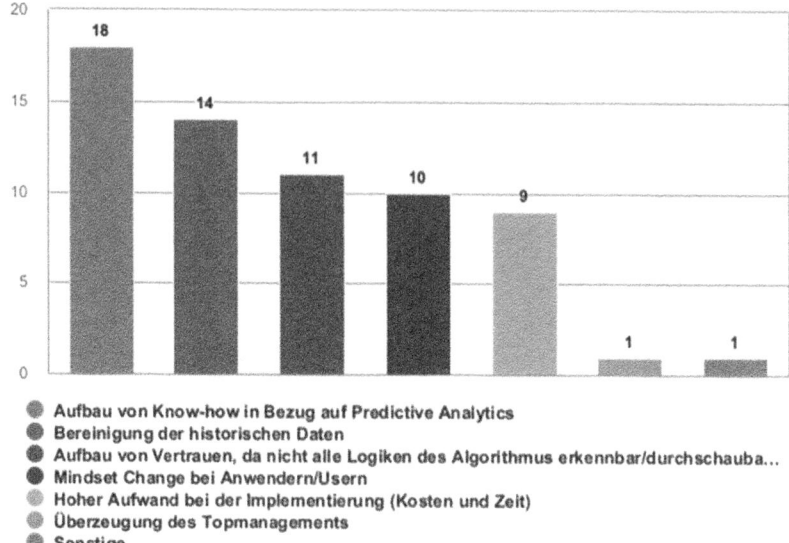

Abbildung 4.17 Herausforderungen während der Implementierung. (Quelle: Eigene Darstellung)

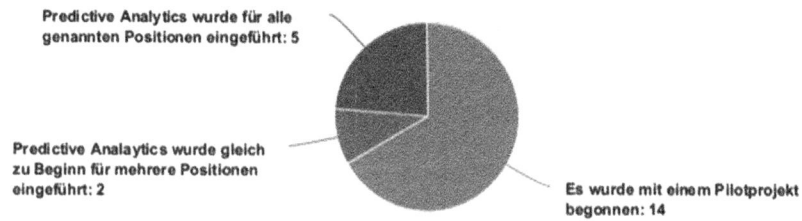

Abbildung 4.18 Vorgehen bei der Implementierung. (Quelle: Eigene Darstellung. n = 21)

Die empirische Untersuchung zeigte, dass rund 73 % der Unternehmen, die PA im Controlling zur Erstellung von Forecasts bereits nutzen, angaben, dass sie planen PA Forecasts für weitere Positionen einzuführen, wohingegen 27 % keine weiteren Einführungen planen. Abbildung 4.19 verdeutlicht die Aufteilung.

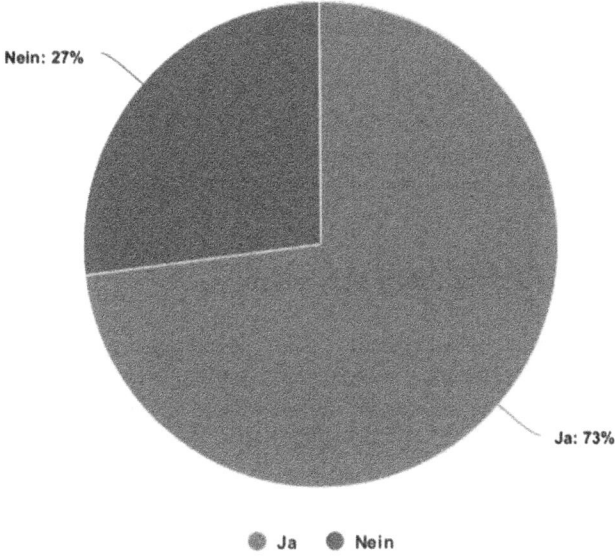

Abbildung 4.19 Planung für weiteren Einsatz. (Quelle: Eigene Darstellung)

Hierbei wurde am häufigsten EBITDA als Position genannt, für die ein PA Forecast eingeführt werden soll. Danach folgte am zweithäufigsten die Position Administrationskosten und das Inventar. Am dritthäufigsten folgten die Forschungs- und Entwicklungskosten. Die angegebenen Häufigkeiten können der Tabelle in Anhang M im elektronischen Zusatzmaterial entnommen werden. Hierbei ist zu beachten, dass eine Mehrfachauswahl möglich war. Die Unternehmen, die keine weiteren Einführungen eines PA Forecasts planen, gaben dafür mit Abstand als häufigsten Grund an, dass der aktuelle Forecast bereits eine hohe Vorhersagegenauigkeit aufweist. Lediglich ein Mal wurde genannt, dass keine Ressourcen (Zeit und Kosten) für eine weitere Einführung zur Verfügung stehen. Ebenso einmal wurde jeweils ausgewählt „PA wurde bereits für alle oben genannten Positionen eingeführt" und „Der bereits eingeführte Forecast mittels PA hat die Erwartungen nicht erfüllt". „Fehlende Unterstützung des Topmanagements", sowie „Andere" wurde von keinem Unternehmen ausgewählt. Bei dieser Frage ist zu beachten, dass die Unternehmen eine Mehrfachauswahl treffen konnten.

4.2 Interpretation und kritische Würdigung der empirischen Untersuchung

Im folgenden Kapitel werden die eben beschriebenen Ergebnisse zunächst eingeordnet, sowie eine Handlungsempfehlung zur erstmaligen Implementierung eines PA Forecasts abgeleitet. Des Weiteren werden im Abschnitt Methodenkritik kritische Punkte der empirischen Untersuchung hervorgehoben.

4.2.1 Interpretation der Ergebnisse

Für die Interpretation der Ergebnisse wird im folgenden Kapitel überprüft, inwieweit die in der Einleitung aufgestellten Forschungsfragen durch die durchgeführte empirische Untersuchung beantwortet werden konnten. Außerdem wird in diesem Kapitel validiert, ob die aufgestellten Hypothesen aus dem Kapitel Forschungsmethodik durch die empirische Untersuchung bestätigt werden können.

Die erste Forschungsfrage aus der Einleitung lautet „Wird PA in Unternehmen im Controlling zur Erstellung von Forecasts eingesetzt?". Um diese Frage beantworten zu können, müssen insbesondere die Ergebnisse aus den Abschn. 4.1.1 Teilnehmer der empirischen Untersuchung und 4.1.2 Status quo berücksichtigt werden. Die empirische Untersuchung zeigte, dass rund 81 % der befragten Unternehmen PA im Controlling nicht zur Erstellung von Forecasts nutzen. Lediglich 19 % gaben an PA zur Forecast Erstellung zu nutzen. Im Hinblick auf Repräsentativität kann festgehalten werden, dass dieses Ergebnis aufgrund der Teilnehmerzahl der empirischen Untersuchung mit einer Fehlerspanne von +/−9 % und einem Konfidenzniveau 95 % als repräsentativ angesehen werden kann. Zur Überprüfung der Repräsentativität und damit zur Berechnung der erforderlichen Stichprobengröße, wurde die Anzahl der Unternehmen berücksichtigt, die laut statistischem Bundesamt im Jahr 2022 in Deutschland existierten. Dies waren 3.435.478 Unternehmen (Statistisches Bundesamt, 2023). Zur Berechnung der für die Repräsentativität notwendigen Stichprobengröße wurde die Formel in Abbildung 4.20 genutzt:

4.2 Interpretation und kritische Würdigung der empirischen ...

$$\text{Stichprobengröße} = \cfrac{\cfrac{z^2 x p(1-p)}{e^2}}{1+\left(\cfrac{z^2 x p(1-p)}{e^2 N}\right)}$$

N=Populationsgröße
z=Z-Wert
e=Fehlerspanne (Prozentsatz im Dezimalformat)

Abbildung 4.20 Formel zur Berechnung der Stichprobengröße. (Quelle: Eigene Darstellung in Anlehnung an Qualtrics, 2024)

Die Populationsgröße war wie eben aufgeführt 3.435.478 Unternehmen. Als Fehlerspanne wurde für die durchgeführte empirische Untersuchung +/−9 % gewählt. Bei einem Konfidenzniveau von 95 % beträgt der dazugehörige z-Wert 1,96 (DATAtab Team, 2024). p ist die Standardabweichung, welche mit 0,5 angegeben wird (Qualtrics, 2024). Daraus ergibt sich bei Nutzung der Formel, die notwendige Stichprobengröße von 119 Teilnehmern.

$$\cfrac{\cfrac{1,96^2 * 0,5 * (1-0,5)}{0,09^2}}{1+\cfrac{1,96^2 * 05 * (1-0,5)}{0,09^2 * 3.435.478}} = 119.$$

An der durchgeführten empirischen Untersuchung nahmen 120 Unternehmen teil, wodurch die für die Repräsentativität notwendige Stichprobegröße von 119 Unternehmen erreicht wurde. Für die Beantwortung der eben aufgeführten Forschungsfrage bedeutet dies, dass mit einer Wahrscheinlichkeit von 95 %, zwischen 72 % – 90 % der Unternehmen in Deutschland PA bisher nicht zur Erstellung von Forecasts nutzen.

In Bezug auf den Zusammenhang zwischen der Unternehmensgröße, gemessen an der Mitarbeiterzahl und dem Einsatz von PA kann festgehalten werden, dass laut der durchgeführten empirischen Untersuchung lediglich 5 % der Unternehmen mit weniger als 250 Mitarbeitern PA im Controlling zur Erstellung von Forecasts einsetzen. Aufgrund der Vielzahl der Unternehmen[10] in Deutschland

---

[10] Laut dem statistischen Bundesamt existierten in Deutschland im Jahr 2022 insgesamt 3.435.478 Unternehmen in Deutschland. Davon hatten 2.982.397 Unternehmen weniger als 10 Beschäftigte, 361.638 Unternehmen hatten 10 bis weniger als 50 Mitarbeiter, 74.398

mit weniger als 250 Mitarbeitern kann dieses Ergebnis allerdings nicht als repräsentativ angesehen werden. Die geringe Nutzungsrate von PA im Controlling bei Unternehmen mit weniger als 250 Mitarbeiter kann dadurch beeinflusst werden, dass in kleineren Unternehmen oftmals die Zeit und die Ressourcen fehlen, um sich mit neuen Thematiken zu befassen (Hecht & Scherrer, 2020, S. 84). Dies zeigen auch die Ergebnisse der durchgeführten empirischen Untersuchung. Denn die Unternehmen mit weniger als 250 Mitarbeitern gaben am häufigsten an, dass sie PA aufgrund des hohen Aufwands bei der Implementierung in Bezug auf Kosten und Zeit bisher nicht nutzen. Werden die Ergebnisse der empirischen Untersuchung der Unternehmen mit 250 bis 750 Mitarbeitern sowie der Unternehmen mit mehr als 750 Mitarbeitern zusammengefasst, kann das Ergebnis wiederum als repräsentativ angesehen werden. Laut statistischem Bundesamt existieren in Deutschland im Jahr 2022 17.045 Unternehmen mit mehr als 250 Mitarbeitern (2023), was bei der Nutzung der eben aufgeführten Formel, bei einem Konfidenzniveau von 95 % und einer Fehlerspanne von +/−10 %, eine benötigte Stichprobengröße von 96 Unternehmen ergibt. Wie bereits zuvor beschrieben, nahmen an der empirischen Untersuchung 34 Unternehmen mit 250–750 Mitarbeitern und 65 Unternehmen mit mehr als 750 Mitarbeitern teil, was zusammen betrachtet eine Stichprobengröße von 99 Unternehmen ergibt. Somit kann mit einer Wahrscheinlichkeit von 95 % gesagt werden, dass zwischen 68 % und 88 % der deutschen Unternehmen mit mehr als 250 Mitarbeitern PA bisher im Controlling nicht zur Forecast Erstellung nutzen. Als häufigsten Grund, warum die befragten Unternehmen dieser Größenordnung PA bisher nicht nutzen, wurde „Fehlendes Know-How in Bezug auf PA" genannt. Im Vergleich zu den Unternehmen mit weniger als 250 Mitarbeitern sind es laut dieser empirischen Untersuchung, im Bereich der Unternehmen mit mehr als 250 Mitarbeitern bereits mehr Unternehmen, die PA bereits zur Forecast Erstellung nutzen. Dies belegt wiederum die zuvor aufgestellte Hypothese und damit auch die Ergebnisse der oben aufgeführten BARC-Studie, dass PA eher bei den größeren Unternehmen eingesetzt wird (Fuchs & Tischler, 2022). Der treibende Faktor kann hier sicherlich in den Unterschieden der Unternehmensstrukturen zwischen KMU und Großunternehmen gesehen werden. So verfügen Großunternehmen über deutlich mehr Ressourcen und in der Regel existieren bereits die erforderlichen Strukturen, wohingegen KMU in Bezug auf Ressourcen in der Regel beschränkt sind (Hecht & Scherrer, 2020, S. 84).

Unternehmen hatten zwischen 50 und weniger als 250 Mitarbeiter und 17.045 Unternehmen hatten mehr als 250 Mitarbeiter (Statistisches Bundesamt, 2023).

4.2 Interpretation und kritische Würdigung der empirischen ...

Die durch die empirische Untersuchung ermittelte Nutzungsrate von PA zur Forecast Erstellung, bei den Unternehmen mit mehr als 250 Mitarbeitern beträgt zwischen 12 % – 32 %. Unter Berücksichtigung der Vielzahl an Literatur und den vielfältigen Publikationen in Zeitschriften zum Thema PA im Controlling ist die ermittelte Nutzungsrate eher als niedrig zu bewerten. Dies kann sicherlich auch dadurch begründet werden, dass Menschen bei neuen Thematiken eher zögerlich reagieren und es für den Menschen ein Prozess ist, sich auf Veränderungen einzulassen (Meiler, 2020, S. 7–11). Außerdem existieren wie auszugsweise im Abschn. 2.1.3 „Aktuelle Themen im Controlling" dargestellt, eine Vielzahl anderer Themen mit denen sich Controlling konfrontiert sieht (Eisl et al., 2023, S. 42–43). Diese Thematiken binden Ressourcen und Zeit, was sicherlich auch dazu führt, dass aufgrund von Zeitmangel PA im Controlling bisher nicht so oft eingesetzt wird.

Im nächsten Abschnitt soll die Forschungsfrage „In welchem Umfang wird PA in Unternehmen im Controlling zur Erstellung von Forecasts eingesetzt?" betrachtet werden. Um diese Frage beantworten zu können, werden die Antworten der Unternehmen, die PA bereits im Controlling zur Forecast Erstellung nutzen (siehe Abschn. 4.1.4 „Nutzung von Predictive Analytics"), herangezogen. Insgesamt haben 23 der 120 befragten Unternehmen angegeben, dass sie PA im Controlling bereits zur Forecast Erstellung einsetzen. Hierbei ist bemerkenswert, dass von diesen 23 Unternehmen lediglich 6 Unternehmen PA für die Forecast Erstellung von nur einer Position einsetzen. Die anderen 17 Unternehmen setzen PA für die Forecast Erstellung von mindestens einer weiteren Position ein. Dies deutet daraufhin, dass wenn das Wissen in Bezug auf PA im Unternehmen einmal aufgebaut wurde und ein PA Forecast für eine Position eingeführt wurde, dieses Wissen relativ leicht auf andere Positionen angewendet werden kann. Allerdings muss bei dieser Interpretation beachtet werden, dass von den befragten 23 Unternehmen 19 Unternehmen einen Jahresumsatz höher von 250 Millionen € erwirtschaften und lediglich 4 Unternehmen einen Jahresumsatz kleiner als 250 Millionen €. Somit kann der Grund für die Nutzung eines PA Forecasts für mehrere Positionen auch daran liegen, dass bei den befragten Unternehmen aufgrund der Unternehmensgröße ausreichend Ressourcen zur Verfügung stehen und dadurch PA für den Forecast mehrerer Positionen genutzt werden kann. Durch die Verfügbarkeit von ausreichenden Ressourcen können eigene Abteilungen im Bereich Data Science bzw. IT aufgebaut werden oder externe Beratungsunternehmen zur Unterstützung herangezogen werden. Diese Aussage wird auch durch das Ergebnis der empirischen Untersuchung in Bezug auf die Frage, welche Unternehmensbereiche an der Implementierung beteiligt waren, unterstützt. Diese Frage wurde von 22 Unternehmen beantwortet, wobei lediglich 4 Unternehmen angaben, dass das Controlling alleinig die Implementierung durchgeführt hat. Die anderen 18 Unternehmen gaben an, dass zusätzlich zum Controlling mindestens einer der anderen aufgeführten Bereiche (Data Science, IT, Externe Beratungs- und IT-Unternehmen) an der Implementierung beteiligt war, oder sogar mehrere. Ein weiterer Punkt um beurteilen zu können in welchem Umfang PA zur Forecast Erstellung genutzt wird, ist der Einsatz des PA Forecasts im Vergleich zum manuellen Forecast. Hier gaben 82 % der 22 Unternehmen an, dass sie zusätzlich zum PA Forecast auch einen manuellen Forecast erstellen, um den PA Forecast auf Plausibilität zu überprüfen. Lediglich 18 % gaben an, dass sie nur den PA Forecast nutzen. Dies kann darauf hindeuten, dass die Unternehmen das Vertrauen in den PA Forecast noch nicht vollständig aufgebaut haben und sich noch im Veränderungsprozess befinden. Allerdings kann dies auch bedeuten, dass die jeweiligen Unternehmen den manuellen Forecast für die adäquate Berücksichtigung von neuen Sondereffekten benötigen.

In Bezug auf die Forschungsfrage, „Können bei dem Einsatz von PA unternehmensübergreifende Trends erkannt werden?", muss zunächst festgehalten werden, dass eine relativ kleine Anzahl an Unternehmen (23) angab, PA zur Forecast Erstellung zu nutzen. Daher ist fraglich, inwieweit die ermittelten Trends als Status quo auf die Allgemeinheit angewendet werden können. Allerdings können die dargestellten Trends der empirischen Untersuchung, sicherlich den Unternehmen, die bisher PA noch nicht zur Forecast Erstellung nutzen, eine mögliche Vorgehensweise bei der Implementierung eines PA Forecasts aufweisen. In Bezug auf die Position, für die der PA Forecast erstellt wird, ist der Trend zu erkennen, dass sich insbesondere die Umsatzprognose für die Erstellung eines PA Forecasts eignet. Insgesamt gaben 18 der 23 befragten Unternehmen an, dass sie PA für die Umsatzprognose nutzen. Hierdurch kann die zuvor aufgestellte These „PA wird häufig bei der Umsatzprognose eingesetzt", bestätigt werden. Allerdings muss hier berücksichtigt werden, dass die Entscheidung für eine Position unternehmensindividuell von weiteren Faktoren abhängig ist. Hierfür ist insbesondere der Grund zu beachten, warum die jeweilige Position für einen PA Forecast ausgewählt wurde. Als Trend zeigte sich hier, dass die Position in der Regel ausgewählt wird, wenn die historischen Daten zur Verfügung stehen. Dies weist nochmals deutlich darauf hin, dass PA nur bei Verfügbarkeit von historischen Daten in ausreichend guter Qualität (ggf. bereinigt) möglich ist (Moubariki et al., 2019, S. 3–4). Die Verfügbarkeit der historischen Daten der jeweiligen Position muss unternehmensindividuell validiert werden. Des Weiteren muss für die Auswahl der Position überprüft werden, ob diese extremen Schwankungen unterliegen, was sich von Unternehmen zu Unternehmen unterscheiden kann.

In Bezug auf die Frage, welche Daten zur Generierung des PA Forecasts genutzt werden, zeigte die empirische Untersuchung, dass alle Unternehmen angaben, interne historische Daten zu nutzen. Hierbei gaben 8 Unternehmen an lediglich die internen historischen Daten zu nutzen. Die anderen Unternehmen ziehen zusätzlich zu den historischen internen Daten noch mindestens einen anderen Datenbereich (interne zukünftige Entwicklungen, historische externe Daten, externe zukünftige Entwicklungen) für die Erstellung des PA Forecasts heran. Die umfängliche Nutzung der historischen internen Daten bestätigt die Aussage, dass PA auf historischen Daten aufbaut (Matthäus et al., 2023, S. 15). Sicherlich wird hierdurch aber auch deutlich, dass die historischen internen Daten die Daten sind, die in der Regel für die Unternehmen ohne zusätzlichen Aufwand zur Verfügung stehen. Externe Daten müssen oftmals aufwendig in die bereits bestehende interne Datenbasis integriert werden (Matthäus et al., 2023, S. 15). Die zuvor aufgestellte Hypothese „In erster Linie werden unternehmensinterne Daten als Grundlage für den Forecast verwendet" kann durch dieses Ergebnis teilweise bestätigt. Prinzipiell werden bei allen befragten Unternehmen die historischen internen Daten herangezogen, allerdings werden bei nur 8 Unternehmen lediglich die historischen internen Daten zur Erstellung des PA Forecasts genutzt. Somit kann die Hypothese dahingehend bestätigt werden, dass alle Unternehmen historische interne Daten nutzen. Allerdings kann nicht bestätigt werden, dass die meisten Unternehmen nur historische interne Daten nutzen. In Bezug auf die Frage, ob die Unternehmen die zugrundeliegenden Daten um Sondereffekte bereinigt haben, kann festgehalten werden, dass 18 der 23 Unternehmen die Daten um Sondereffekte bereinigt haben. Lediglich 5 Unternehmen gaben an keine Bereinigung der Daten durchgeführt zu haben. Um die Hypothese „Die Bereinigung der zugrundeliegenden Daten beeinflusst die Vorhersagegenauigkeit" überprüfen zu können, wurden die 18 Unternehmen, die eine Bereinigung durchgeführt haben, in der empirischen Untersuchung zusätzlich befragt, ob durch die Bereinigung der Daten die Vorhersagegenauigkeit erhöht werden konnte. Alle 18 Unternehmen haben dem zugestimmt, wodurch die Hypothese vollumfänglich bestätigt werden kann. Dieses Ergebnis bestätigt zusätzlich die Aussagen, dass der PA Forecast maßgeblich von der Qualität der zugrundeliegenden Daten abhängig ist. Zusätzlich muss ein Trend in Bezug auf die Forecast Verantwortlichkeit hervorgehoben werden. Bei dieser Frage zeigte sich, dass mit Abstand der Großteil der befragten Unternehmen angab, dass trotz Nutzung von PA das Controlling für den Forecast verantwortlich ist. Insgesamt gaben 12 Unternehmen an, dass nur das Controlling verantwortlich ist. Bei 6 Unternehmen ist das Controlling sowie ein weiterer Bereich für den PA Forecast verantwortlich. Lediglich 3 Unternehmen sehen die Verantwortlichkeit des PA Forecasts überhaupt nicht im Controlling. Die Verantwortlichkeit des Controllings für den PA Forecast deutet zum einen daraufhin, dass das Controlling immer dafür verantwortlich ist, ausreichend genaue Vorhersagewerte zu liefern, unabhängig davon auf welchem Weg der Forecast erstellt wird. Zum anderen deutet dieses Ergebnis aber auch an, dass die Aufgaben des Controllers nur in Ausnahmefällen an andere Abteilungen gegeben werden und dies somit auch gegen einen Ressourcenabbau im Controlling spricht. Diese Erkenntnis wird zudem durch das Ergebnis der empirischen Untersuchung bei der Frage nach den Vorteilen, welche durch den Einsatz von PA entstehen, bestätigt. Hier zeigte sich, dass der Abbau von Ressourcen lediglich einmal von den Unternehmen als Vorteil ausgewählt wurde.

In Bezug auf die Auswahl des Tools, das zur Erstellung des PA Forecasts genutzt wird, ist kein klarer Trend zu erkennen. Am häufigsten wird hier zwar Excel genannt, aber bereits mit nur 2 Nennungen weniger, wird Python am zweithäufigsten von den Unternehmen genutzt. Hieraus lässt sich schließen, dass es nicht das eine Tool zur Erstellung eines PA Forecasts gibt, sondern vielmehr jedes Unternehmen individuell entscheiden muss, welches Tool den jeweiligen Anforderungen und den jeweiligen verfügbaren finanziellen Ressourcen gerecht wird. Die Notwendigkeit der unternehmensindividuellen Entscheidung bei der Auswahl des Tools wird zudem deutlich, da bei der Frage nach dem Tool relativ häufig „Sonstige" gewählt wurde und in dem folgenden Freitextfeld eine Vielzahl verschiedener Tools angegeben wurde. In Bezug auf die finanziellen Ressourcen, zeigte die empirische Untersuchung bei der Frage nach dem Budget, welches zur Implementierung des PA Forecasts erforderlich war, dass hier kein Trend zu erkennen ist. Dies spricht wiederum dafür, dass in Bezug auf das Budget eine unternehmensindividuelle Entscheidung getroffen und nicht pauschal gesagt werden kann, dass ein gewisser Betrag notwendig ist, um einen PA Forecast zu implementieren.

Bezogen auf die Forschungsfrage „Was sind die Gründe warum PA nicht zur Forecast Erstellung eingesetzt wird?", ist aufgefallen, dass die Unternehmen, die PA bisher nicht zur Forecast Erstellung nutzen, am zweithäufigsten den Grund „Hoher Aufwand bei der Implementierung (Kosten und Zeit)" angaben. Wohingegen die Unternehmen, die PA bereits zur Forecast Erstellung nutzen, diesen Punkt bei den Herausforderungen während der Implementierung nur an fünfter Stelle genannt haben. Dies kann sicherlich auf psychologische Gründe zurückgeführt werden, da die Menschheit in der Regel auf neue Thematiken zunächst eher skeptisch und mit Ablehnung reagiert (Meiler, 2020, S. 7–11). Das unterschiedliche Ranking in Bezug auf den Grund „Hoher Aufwand bei der Implementierung (Kosten und Zeit)" könnte darauf hindeuten, dass die Unternehmen, die PA bisher nicht nutzen, der Thematik noch skeptisch gegenüberstehen und deshalb den

Grund so häufig nennen. Dies kann allerdings sicherlich nicht auf alle Unternehmen übertragen werden. Mit Sicherheit ist der Grund insbesondere für KMU mit weniger Ressourcen valide. Den Punkt „Aufbau von Know-how in Bezug auf PA" gaben die Unternehmen, die PA bisher nicht nutzen, als häufigsten Grund gegen die Nutzung von PA an. Aber auch die Unternehmen, die es bereits eingeführt haben, nennen diesen Punkt als größte Herausforderung während der Implementierung. Dies spricht dafür, dass es für die Implementierung eines PA Forecasts immens wichtig ist entsprechendes Know-how aufzubauen.

Zusätzlich zu der Beantwortung der Forschungsfragen und der Überprüfung der aufgestellten Hypothesen, soll an dieser Stelle noch auf die in der empirischen Untersuchung am häufigsten genannten Vorteile von PA eingegangen werden. Am häufigsten wurde hier von den befragten Unternehmen der Vorteil „Möglichkeit Analysen schneller durchzuführen (Beschleunigung des Prozesses)" angegeben, was die zuvor aufgeführte Literatur bestätigt, da der Aufwand für die Erstellung des PA Forecasts deutlich geringer ist und manuelle repetitive Schritte entfallen (Nobach, 2019, S. 259). Unmittelbar danach mit nur einer Nennung weniger, folgte der Vorteil „Erhöhung der Vorhersagegenauigkeit (Reduktion des Fehlermaßes)", was dafürspricht, dass die Vorhersagegenauigkeit durch den Einsatz von PA in den meisten Fällen erhöht und dadurch einen Mehrwert für das jeweilige Unternehmen generiert werden kann. Darauf folgt mit wiederum nur zwei Nennungen weniger der Vorteil „Effizienzsteigerung" (Automatisierung von Prozessschritten)", was darauf hindeutet, dass die Forecast Erstellung durch PA im Vergleich zum manuellen Prozess weniger ressourcenintensiv ist. Allerdings darf daraus nicht interpretiert werden, dass die Einführung eines PA Forecasts zum Abbau von Ressourcen führt. Dieser Vorteil wurde von den Unternehmen bei der entsprechenden Frage in der empirischen Untersuchung nämlich nur einmal angegeben. Dies wird auch durch die Ergebnisse der Frage, inwieweit sich die Tätigkeiten der Controller durch die Einführung eines PA Forecasts verändert haben, nochmals deutlich. Hier wurde mit Abstand am häufigsten genannt, dass der Controller sich Know-how in Bezug auf PA erarbeiten musste, was dafürspricht, dass sich die Tätigkeiten durch die Einführung eines PA Forecasts verändern, allerdings dadurch nicht die Controllerstellen abgebaut werden.

Zusammenfassend kann festgehalten werden, dass alle zuvor aufgestellten Forschungsfragen durch die empirische Untersuchung beantwortet werden konnten. In Bezug auf die Überprüfung der Hypothesen muss berücksichtigt werden, dass lediglich die Hypothesen „PA wird insbesondere bei größeren Unternehmen eingesetzt" und „Die Bereinigung der zugrundeliegenden Daten beeinflusst die Vorhersagegenauigkeit" durch die Ergebnisse der empirischen Untersuchung bestätigt werden können. Die Hypothesen „In erster Linie werden unternehmensinterne Daten als Grundlage für den Forecast verwendet" und „PA wird häufig bei der Umsatzprognose eingesetzt" können aufgrund der eben aufgeführten Gründe nur teilweise bestätigt werden. In Bezug auf die Vorteile, die den Unternehmen durch den Einsatz von PA entstehen, zeigte die empirische Untersuchung zusammenfassend, dass insbesondere Prozesse beschleunigt bzw. einzelne Prozessschritte automatisiert werden können und zudem die Vorhersagegenauigkeit in der Regel erhöht werden kann. Da die empirische Untersuchung zeigte, dass trotz der eben aufgeführten Vorteile die Nutzungsrate in den Unternehmen eher gering ist, soll im folgenden Abschnitt eine Handlungsempfehlung abgeleitet werden, um damit die Unternehmen bei der Implementierung eines PA Forecasts zu unterstützen.

4.2.2 Schlussfolgerung und Handlungsempfehlung

Im folgenden Abschnitt soll aus den Ergebnissen der empirischen Untersuchung eine Handlungsempfehlung für die Implementierung eines PA Forecasts abgeleitet werden. Wie bereits in Abschn. 2.2.1 beschrieben, können Unternehmen bei der Implementierung von PA das CRISP-DM Prozessmodell als Unterstützung nutzen (Ilg & Baumeister, 2020, S. 143). Im Folgenden wird deshalb anhand der erlangten Forschungsergebnisse unter Berücksichtigung des CRISP-DM Prozessmodells eine Handlungsempfehlung abgeleitet, wie Unternehmen bei der Einführung eines PA Forecasts vorgehen sollten. Um es den Lesern zu vereinfachen, wird an nochmals das CRISP-DM Prozessmodell in Abbildung 4.21 abgebildet. Für die konkrete Beschreibung der einzelnen Phasen wird auf Abschn. 2.2.1 verwiesen.

4.2 Interpretation und kritische Würdigung der empirischen ... 95

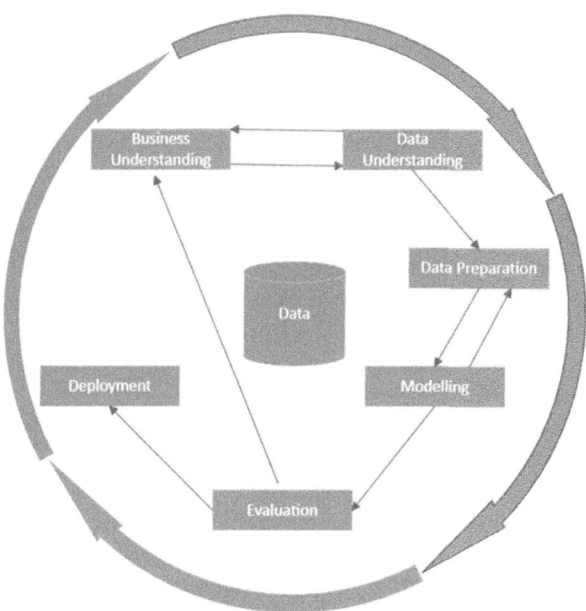

Abbildung 4.21 CRISP-DM Prozessmodell. (Quelle: Eigene Darstellung in Anlehnung an Wirth & Hipp, 2000, Kapitel 3 The CRISP-DM Methodology)

In Kombination der Ergebnisse der durchgeführten empirischen Untersuchung und des CRISP-DM Prozessmodell bedeutet dies für die Einführung eines PA Forecasts, dass die Unternehmen in der Phase „Business Understanding" zunächst definieren müssen, wo die entsprechenden Probleme liegen und welches Ziel mit der Einführung eines PA Forecasts erreicht werden soll. Aufgrund dessen, dass rund 67 % der befragten Unternehmen, die PA bereits nutzen, angaben, zuerst mit der Einführung eines PA Forecasts für nur eine Position begonnen zu haben, ist die Auswahl einer Position in der Phase „Business Understanding" zu empfehlen. Wie bereits zuvor aufgeführt, zeigte die empirische Untersuchung, dass die befragten Unternehmen am häufigsten die Umsätze für einen PA Forecast auswählen. Allerdings ist diese Auswahl von mehreren Faktoren unternehmensindividuell abhängig, wodurch eine pauschale Empfehlung, als erstes einen PA Forecast für die Umsätze einzuführen, nicht ausgesprochen werden kann. Die empirische Untersuchung zeigte, dass am häufigsten „Verfügbarkeit der historischen Daten" als Grund ausgewählt wurde, warum für die jeweilige Position ein PA Forecast eingeführt wurde. Hierdurch zeigt sich, dass je Unternehmen überprüft werden muss, ob die historischen Daten für die jeweilige Position zur Verfügung stehen. Außerdem wurde „Probleme/Ungenauigkeit des manuellen Forecasts" häufig als Grund für die Auswahl der jeweiligen Position angegeben. Somit lässt sich für die Auswahl der Position die Empfehlung ableiten, dass die Unternehmen zunächst prüfen sollten, ob die benötigten historischen Daten der jeweiligen Position zur Verfügung stehen und ob der bisherige Forecast Verbesserungspotential in Bezug auf die Vorhersagegenauigkeit aufweist. Des Weiteren sollten sich die Unternehmen zuerst auf einen einzelnen Unternehmensbereich konzentrieren, da die empirische Untersuchung zeigte, dass die meisten Unternehmen den PA Forecast für einen einzelnen Unternehmensbereich erstellen.

Nach der Auswahl der Position sollten die Unternehmen evaluieren, welche zusätzlichen Daten Einfluss auf die jeweilige Position haben, und welche Zusammenhänge bestehen könnten (Data Understanding) (Wirth & Hipp, 2000, Kapitel 3 The CRISP-DM Methodology). In diesem Schritt soll ein Verständnis für die vergangene Entwicklung der jeweiligen Position aufgebaut werden. Prinzipiell ist zu empfehlen, dass die Unternehmen zunächst prüfen sollten, von welchen Daten die jeweilige Position maßgeblich beeinflusst wird. Hierdurch kann die Entscheidung, welche Daten zur Erstellung des PA Forecasts genutzt werden sollen, vorbereitet werden. Wie die empirische Untersuchung zeigte, ist es auch möglich, einen PA Forecast nur anhand der historischen Daten der jeweiligen Position durchzuführen. Dies ist ebenfalls eine Entscheidung, die individuell getroffen werden muss, da je nach Unternehmen die weitere Entwicklung der ausgewählten Position von den unterschiedlichsten Faktoren abhängig sein kann. Des Weiteren kommt es bei der Auswahl der Daten auch darauf an, wie viel Ressourcen dem jeweiligen Unternehmen für die Implementierung des PA Forecasts zur Verfügung stehen, denn wie bereits oben aufgeführt, bedarf es in der Regel mehr Aufwand externe Daten zu integrieren (Matthäus et al., 2023, S. 15).

Nachdem die Unternehmen die maßgeblichen Daten für den Forecast der ausgewählten Position ermittelt haben, geht es in der Phase „Data Preparation" darum, diese Daten zu überarbeiten. Hierunter zählt zum einen die Bereinigung der Daten um Sondereffekte, aber auch die Überarbeitung der Daten im Hinblick auf einheitliche Formate (Wirth & Hipp, 2000, Kapitel 3 The CRISP-DM Methodology). Die empirische Untersuchung ergab, dass bei allen Unternehmen, die die zugrundeliegenden Daten um Sondereffekte bereinigt haben, die Vorhersagegenauigkeit des PA Forecasts erhöht werden konnte. Daher ist zu empfehlen, eine Bereinigung der Daten um Sondereffekte unbedingt durchzuführen. Die zu bereinigenden Sondereffekte müssen je nach Unternehmen und je nach Position individuell definiert werden. Hierbei ist es unbedingt notwendig, dass sich die

Controller mit ihrem Know-how einbringen, da sie die jeweiligen vergangenen Sondereffekte bereits kennen bzw. identifizieren können.

Als nächstes sollten verschiedene statistische Modelle sowie Tools, mit denen die Modelle umgesetzt werden können, ausgewählt werden (Wirth & Hipp, 2000, Kapitel 3 The CRISP-DM Methodology). Die Auswahl der Modelle hängt von verschiedenen Faktoren ab und sollte je nach Unternehmen individuell getroffen werden. Da in der empirischen Untersuchung keine Frage in Bezug auf die genutzten Modelle vorhanden war, soll an dieser Stelle nur eine Handlungsempfehlung in Bezug auf das Tool gegeben werden. Die empirische Untersuchung zeigte, dass am häufigsten Excel für die Erstellung eines PA Forecasts genutzt wird. Um den Aufwand für eine erstmalige Einführung möglichst gering zu halten, ist zu empfehlen, Excel für die Erstellung zu nutzen. Besonders in KMUs ist Excel häufig das einzige verfügbare Tool (Langmann, 2018, S. 37). Für die Nutzung von Excel wird lediglich das Excel Add-in „Datenanalyse" benötigt, in dem die gängigsten statistischen Methoden verfügbar sind (Langmann, 2018, S. 38). Darüber hinaus wurde zudem Python häufig als verwendetes Tool in der empirischen Untersuchung genannt, wobei hier bereits speziellere Kenntnisse erforderlich sind (Ernesti & Kaiser, 2020, S. 27), wobei die Python Codes auch von ChatGPT geschrieben werden können und somit nicht unbedingt umfangreiche Kenntnisse der Programmiersprache benötigt werden (Arnold, 2023). Um überprüfen zu können, welches der getesteten Modelle sich am besten eignet, sollte ein Fehlermaß genutzt werden, um die Vorhersagegenauigkeit des jeweiligen Modells testen zu können (Jäkel & Muntermann, 2023, S. 8–9). Die empirische Untersuchung zeigte, dass bei den meisten Unternehmen der MAE und/oder der MAPE zum Einsatz kommen. Um die Vorhersagegenauigkeit überprüfen zu können, sollte der PA Forecast für mehrere vergangene Perioden erstellt werden und durch das Fehlermaß mit den bereits verfügbaren Ist-Werten abgeglichen werden. Wie das Beispiel der Deutsche Post International gezeigt hat, muss bei der Auswahl des Modells prinzipiell beachtet werden, dass sich je nach Position unterschiedliche Modelle am besten eignen können und nicht ein Modell pauschal über alle Positionen hinweg ausgewählt werden sollte (Deipenbrock et al., 2019, S. 49).

Nachdem das Modell ausgewählt wurde, muss der PA Forecast implementiert werden („Deployment"). Die empirische Untersuchung zeigte, dass 82 % der Unternehmen angaben, dass sie parallel zu dem PA Forecast auch einen manuellen Forecast erstellen. Aufgrund dessen kann für die Implementierung empfohlen werden, den PA Forecast und den manuellen Forecast parallel zu erstellen. Durch dieses Vorgehen kann der PA Forecast durchgehend auf Plausibilität überprüft werden und ggf. manuell korrigiert werden. Zudem kann durch Gegenüberstellung der beiden Forecasts, im besten Fall das Vertrauen in den PA Forecast aufgebaut werden. Die Darstellung der Vorhersagegenauigkeit des PA Forecasts und des manuellen Forecasts sollte im Unternehmen über alle Ebenen hinweg transparent erfolgen. Für die transparente Darstellung der Ergebnisse kann bspw. das Layout aus Abbildung 4.22 genutzt werden.

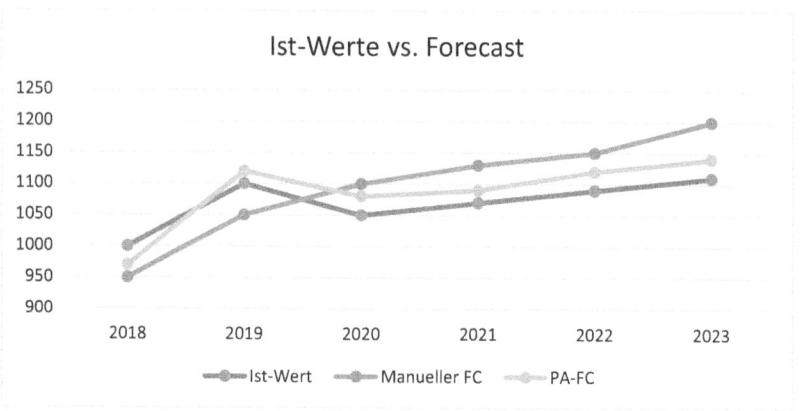

Abbildung 4.22 Darstellung der Ist-Werte im Vergleich zum Forecast. (Quelle: Eigene Darstellung)

Anhand der Gegenüberstellung der beiden Forecasts mit den jeweiligen Ist-Werten, wird schnell deutlich, welcher der beiden Forecasts näher an den Ist-Werten liegt, ob der jeweilige Forecast über oder unter Ist-Werten liegt und wie der jeweilige Verlauf ist. Um die Abweichungen von den Ist-Werten noch besser ersichtlich zu machen, können die errechneten Fehlerwerte zusätzlich in der Grafik angegeben werden.

An dieser Stelle soll zusätzlich zu der Einführung eines PA Forecasts anhand des CRISP-DM Modells, eine Empfehlung im Umgang mit den drei am häufigsten genannten Gründen („Fehlendes Know-how in Bezug auf PA", „Hoher Aufwand bei der Implementierung (Zeit/Kosten)" und „Fehlende Prognostizierung von Sondersachverhalten/einmaligen Ereignissen"), die gegen PA genannt wurden, ausgesprochen werden. Sicherlich müssen sich die Unternehmen mit diesen Thematiken beschäftigen und gewisse Expertise in Bezug auf PA aufbauen. Allerdings kann der Aufwand bei der Implementierung durch gewisse

Maßnahmen auch in KMUs geringgehalten werden. Wie die empirische Untersuchung zeigte, ist es möglich nur innerhalb des Controllings einen PA Forecast einzuführen. Somit ist es nicht unbedingt notwendig eine eigenständige Data Science Abteilung aufzubauen, wodurch der Aufwand sowie die anfallenden Kosten geringgehalten werden können. Außerdem kann Excel, wie oben bereits erwähnt, als Tool zur Erstellung des PA Forecasts genutzt werden. Excel wird in Unternehmen auch für andere Analysezwecke als häufigstes Tool bereits genutzt (Maurer, 2018, S. 27), wodurch den Unternehmen keine weiteren Kosten für die Implementierung eines zusätzlichen Tools entstehen und die Anwender mit der Nutzung des Tools bereits vertraut sind. Wie die durchgeführte empirische Untersuchung zeigte, ist Excel auch das Tool, das bei den befragten Unternehmen am häufigsten für die Erstellung des PA Forecasts genutzt wird. Durch die Aktivierung des Excel Add-in „Datenanalyse" können die Anwender in einer bereits vertrauten Umgebung auf die gängigsten statistischen Methoden zugreifen (Langmann, 2018, S. 37) und bereits innerhalb kürzester Zeit erste Erfahrungen bei der Erstellung und Nutzung eines PA Forecasts sammeln. Die Anwender können die Vorhersagegenauigkeit der verschiedenen statistischen Methoden überprüfen und so Erkenntnisse erlangen, welche statistische Methode sich am besten für die jeweilige Position eignet. Der Grund „Fehlende Prognostizierung von Sondersachverhalten/einmaligen Ereignissen" ist sicherlich valide, da PA aus Daten Muster erkennt und dadurch Prognosen für die Zukunft erstellt (Nobach, 2019, S. 259). Allerdings muss hier erwähnt werden, dass auch bei manuellen Vorhersagen einmalige Ereignisse wie bspw. die Corona-Krise nur schwer berücksichtigt werden können. Wie die Literatur zeigte, sollte hier ein Zusammenspiel von Controllern und PA Forecast stattfinden (Hedfeld & Pfaff, 2024, S. 59–60), denn die durch PA ermittelte Prognose sollte im Nachgang von Controllern validiert werden und bei Bedarf manuell angepasst werden.

Zusammenfassend kann als Empfehlung festgehalten werden, dass die Einführung eines PA Forecasts je nach Unternehmen und je nach ausgewählter Position, individuell durchgeführt werden sollte. Um den Aufwand bei einer erstmaligen Einführung möglichst gering zu halten, sollten sich die Unternehmen zu Beginn für eine Position entscheiden. Im Rahmen von PA ist die Verfügbarkeit der historischen Daten besonders wichtig für die Auswahl der jeweiligen Position. Aufgrund dessen, dass viele Unternehmen „Hoher Aufwand bei der Implementierung (Kosten/Zeit)" als Grund gegen PA angaben, kann ein weiterer Schritt zur Aufwandsminimierung empfohlen werden. Die Unternehmen sollten hierzu zuerst prüfen, inwieweit ausreichend genau der Forecast nur basierend auf den unternehmensinternen historischen Daten ist. Hierdurch entfallen aufwendige

Schritte zur Gewinnung und Integration weiterer Daten. Falls nach der Überprüfung bzw. Implementierung des PA Forecasts weitere Ressourcen zur Verfügung stehen, kann geprüft werden, inwieweit durch zusätzliche Daten die Vorhersagegenauigkeit verbessert werden kann. Außerdem muss beachtet werden, dass die Einführung eines PA Forecasts ein Prozess ist und insbesondere in Bezug auf das Mindset von Managern und Mitarbeitern nicht von heute auf morgen durchgeführt werden kann. Hierzu sollten die errechneten Fehlermaße des PA Forecasts und des manuellen Forecasts im Vergleich zu den Ist-Werten transparent dargestellt werden, damit das Vertrauen in den PA Forecast nach und nach aufgebaut werden kann. Außerdem, wie bereits oben aufgeführt, kann mit Excel bereits ein PA Forecast eingeführt werden, was sicherlich den Aufwand geringhält, da keine weiteren Tools bzw. Programmiersprachen erlernt werden müssen. Alles in allem lässt sich als Empfehlung festhalten, dass der Umgang mit PA und die Erstellung eines PA Forecasts bereits mit relativ geringem Aufwand möglich ist. Die Unternehmen können für die erstmalige Implementierung das Vorgehen nutzen, das den geringsten Aufwand generiert, wodurch aber bereits erstes Vertrauen in PA aufgebaut werden kann. In der Regel liefern bereits erste Versuche mit historischen internen Daten gute Ergebnisse (Keimer & Zorn, 2020, S. 18), was wiederum weiteren Aufwand rechtfertigt. Zur besseren Einordnung der abgeleiteten Empfehlungen sowie der Ergebnisse der durchgeführten empirischen Untersuchung im Allgemeinen, wird das gewählte Vorgehen im nächsten Abschnitt kritisch reflektiert.

4.2.3 Methodenkritik

Nachdem in den vorigen Abschnitten des vierten Kapitels die Ergebnisse der empirischen Untersuchung dargestellt und interpretiert wurden, sowie eine Handlungsempfehlung für Unternehmen zur erstmaligen Einführung eines PA Forecasts abgeleitet wurde, soll im folgenden Abschnitt die ausgewählte Untersuchungsmethode kritisch diskutiert sowie auf deren Beschränkungen hingewiesen werden. Hierdurch soll es den Lesern ermöglicht werden, die dargestellten Ergebnisse und abgeleiteten Empfehlungen entsprechend einordnen zu können.

In Bezug auf die von Diekmann hervorgehobene Relevanz der Gütekriterien Objektivität, Reliabilität und Validität bei Messungen (Diekmann, 2023, S. 247), muss zunächst festgehalten werden, dass durch die in Abschn. 3.2 aufgezeigte standardisierte Form des Fragebogens, insbesondere die Objektivität in hohem Maße erreicht werden kann (Diekmann, 2023, S. 438). Aufgrund der dynamischen Entwicklungen im Bereich der KI (Diwo, 2022), sollten die Ergebnisse

4.2 Interpretation und kritische Würdigung der empirischen ...

als Momentaufnahme betrachtet werden, wodurch kein Anspruch auf Reliabilität (Reproduzierbarkeit der Ergebnisse bei Wiederholung der empirischen Untersuchung (Diekmann, 2023, S. 250)) gestellt werden kann. Durch die durchgeführte empirische Untersuchung konnten die aufgestellten Forschungsfragen beantwortet und die Hypothesen teilweise bestätigt werden, wodurch zunächst die Validität ausgesprochen werden kann, da die empirische Untersuchung das gemessen hat, was sie messen sollte (Moosbrugger & Kelava, 2020, S. 30). Allerdings müssen die nachfolgend aufgeführten Beschränkungen berücksichtigt werden, die die Erfüllung der Gütekriterien einschränken.

Zunächst soll auf die Beschränkungen im Hinblick auf die gewählte Stichprobe und auf die Vorgehensweise bei der Kontaktaufnahme der Unternehmen hingewiesen werden. In Bezug auf die Stichprobe muss kritisch hervorgehoben werden, dass die kontaktierten Unternehmen zum größten Teil manuell ausgewählt wurden und somit das Kriterium der Objektivität bei der Auswahl der Stichprobe nicht sichergestellt werden kann. Die manuelle Auswahl der Unternehmen kann dazu geführt haben, dass die Forschungsergebnisse verzerrt wurden. Prinzipiell wurde aber darauf geachtet, dass möglichst unterschiedliche Unternehmen aus verschiedenen Branchen kontaktiert wurden, was durch die Auflistung in Tab. 1 und Tab. 2 der vielen verschiedenen Branchen, aus denen Unternehmen an der empirischen Untersuchung teilgenommen haben, belegt wird. Ein weiterer kritischer Punkt bei der Auswahl der Stichprobe ist, dass zum größten Teil nur Unternehmen angeschrieben werden konnten, die auf ihrer Homepage eine Emailadresse veröffentlicht haben, was zur Verzerrung der Forschungsergebnisse geführt haben kann. Unternehmen, die keine Emailadresse auf ihrer Homepage bzw. nicht die Möglichkeit eines Kontaktformulars, angegeben haben, konnten nicht kontaktiert werden. Hierbei kommt hinzu, dass in der Regel auf der Homepage der Unternehmen nur die allgemeine Emailadresse verfügbar ist und nicht die Emailadresse der angesprochenen Controlling Abteilungen. Somit war die Beantwortungsquote auch davon abhängig, inwieweit der Link zum Fragebogen von der allgemeinen Emailadresse an das jeweilige Controlling überhaupt weitergeleitet wurde. Für die Kontaktaufnahme wäre es evtl. hilfreicher gewesen, wenn der Link zum Online-Fragebogen auf LinkedIn, Xing und verschiedenen Controlling Internetseiten geteilt worden wäre, um die Controlling Abteilungen direkt ansprechen zu können. Mit diesem Vorgehen wäre auch eine manuelle Auswahl der Unternehmen vermieden worden. Fraglich ist allerdings, ob sich ohne eine direkte Kontaktaufnahme ausreichend Unternehmen bereit erklärt hätten, an der empirischen Untersuchung teilzunehmen.

Außerdem sollte auch die Repräsentativität in Bezug auf die Frage, ob PA in den Unternehmen zur Forecast Erstellung im Controlling bereits genutzt wird, kritisch betrachtet werden. Aufgrund der oben aufgeführten Berechnung konnte zwar mit 120 befragten Unternehmen ein ausreichend großer Stichprobenumfang erreicht werden, damit die Repräsentativität ausgesprochen werden kann. Allerdings müssen hier die eben aufgeführten Kritikpunkte in Bezug auf die Auswahl der Unternehmen und das Vorgehen bei der Kontaktaufnahme berücksichtigt werden. Prinzipiell kann dieses Vorgehen dazu geführt haben, dass das ermittelte Forschungsergebnis verzerrt wurde. Zusätzlich soll in Bezug auf den Stichprobenumfang erwähnt werden, dass die Mehrfachteilnahme eines Unternehmens prinzipiell möglich gewesen ist. Es wurde während der Analyse der Ergebnisse allerdings überprüft, dass Unternehmensnamen nicht doppelt aufgeführt waren. Allerdings gab es vereinzelt auch Rückläufer, bei denen der Unternehmensname nicht angegeben wurde, wodurch nicht 100 %ig ausgeschlossen werden kann, dass vereinzelte Unternehmen den Fragebogen mehrfach beantwortet haben. Insgesamt haben 14 der 120 befragten Unternehmen keinen Unternehmensnamen angegeben.

Des Weiteren kann in Bezug auf den Stichprobenumfang der Unternehmen, die PA bereits zur Forecast Erstellung einsetzen (23), kein Anspruch auf Repräsentativität erhoben werden, da dies lediglich rund 19 % der insgesamt befragten Unternehmen waren. Zusätzlich muss bei den Unternehmen, die angaben PA bereits zu nutzen, für eine Einordnung der Ergebnisse transparent hervorgehoben werden, dass unter diesen Unternehmen sehr große Konzerne enthalten sind, die in Bezug auf Ressourcen und Unternehmensstrukturen sicherlich andere Möglichkeiten haben, als KMUs. Dennoch wurde in der Ableitung der Handlungsempfehlung besonders hervorgehoben, wie der Aufwand bei der Implementierung eines PA Forecasts geringgehalten werden kann, damit auch KMUs von der Handlungsempfehlung profitieren können.

In Bezug auf die aufgeführten Fragen im Online-Fragebogen muss zunächst erwähnt werden, dass es sich hierbei nicht um Fragen handelt, die bereits in anderen Studien genutzt wurden. Hierdurch ist es nur schwer möglich die Forschungsergebnisse im Detail mit bereits durchgeführten Studien zu vergleichen. Des Weiteren kann dies dazu geführt haben, dass wichtige Fragestellungen fehlten. Bspw. wäre es für die Unternehmen in der Handlungsempfehlung sicherlich hilfreich gewesen, wenn der Fragebogen eine Frage in Bezug auf das jeweilige genutzte statistische Modell enthalten hätte und somit ein Überblick über die am häufigsten eingesetzten statistischen Modelle ermittelt worden wäre. Aufgrund dessen, dass diese Frage nicht enthalten war, konnte in der vorliegenden Arbeit keine Empfehlung für ein statistisches Modell abgeleitet werden. Allerdings zeigten die berücksichtigte Literatur sowie die Ergebnisse der empirischen Untersuchung auch, dass die Auswahl des statistischen Modells maßgeblich von der jeweiligen Position, für die der PA Forecast erstellt werden soll, sowie von deren historischen Verlauf abhängig ist und die Auswahl des statistischen Modells damit eine unternehmensindividuelle Entscheidung ist. Dennoch wäre es sicher hilfreich gewesen, wenn die empirische Untersuchung einen Überblick über die in der Praxis am häufigsten genutzten Modelle verschafft hätte. Außerdem zeigte die empirische Untersuchung, dass 82 % der Unternehmen, die PA bereits einsetzen, angaben zusätzlich noch einen manuellen Forecast zu erstellen. Hier wäre sicherlich eine zusätzliche Frage nach den Gründen, warum auch weiterhin ein manueller Forecast erstellt wird, hilfreich gewesen. Durch diese Frage hätte ein Überblick verschafft werden können, ob dies an mangelndem Vertrauen in digitale Technologien liegt, oder ob bspw. der manuelle Forecast weiterhin erstellt wird, um auf Sondereffekte reagieren zu können. Allgemein betrachtet wäre eine Frage in Bezug auf die Einschränkungen, die dem Unternehmen durch die Nutzung des PA Forecasts entstanden sind, nützlich gewesen. Diese Frage hätte bspw. lauten können: „Musste Ihr Unternehmen im Vergleich zum manuellen Forecast auf bestimmte Analysen/Details/mögliche Fragestellungen aufgrund der Nutzung von PA verzichten?". Durch diese zusätzliche Frage hätte noch ein kritischerer bzw. differenzierter Blick über die Nutzung eines PA Forecasts abgebildet werden können.

Des Weiteren ist zu berücksichtigen, dass der Fragebogen so aufgesetzt war, dass die Fragen nicht verpflichtend beantwortet werden mussten. Hierbei zeigte sich, dass insbesondere in Bezug auf die zu Beginn gestellten Kategorisierungsfragen eine verpflichtende Antwort sinnvoll gewesen wäre, damit nicht so viele (13) Unternehmen, den Fragebogen ohne Beantwortung dieser Fragen hätten abschicken können. Diese Unternehmen wurden aufgrund fehlender Antworten bei den Kategorisierungsfragen manuell aus der Stichprobe entfernt und haben somit den Stichprobenumfang geschmälert.

Prinzipiell kann festgehalten werden, dass deutlich mehr Unternehmen für die Teilnahme an der empirischen Untersuchung angeschrieben wurden, als es letztlich Rückläufer gab. Insgesamt wurden ca. 1870 Unternehmen angeschrieben, wobei der Fragebogen insgesamt 1080 mal geöffnet wurde. Von diesen 1080 Klicks haben dann ca. 11 %[11] den Fragebogen beantwortet. Bei dieser Auswertung muss allerdings kritisch berücksichtigt werden, dass der Link zum Fragebogen von einem Unternehmen auch mehrmals geöffnet werden konnte und somit die angegebenen Raten verzerrt sein können. Des Weiteren gab es

---

[11] Bei der Berechnung wurden lediglich die Unternehmen berücksichtigt, die auch für die Auswertung genutzt werden konnten. Die Unternehmen, die aus der Stichprobe gelöscht wurden, wurden hier nicht berücksichtigt.

oftmals die Rückmeldung, dass die entsprechenden Abteilungen keine Ressourcen zur Beantwortung eines Fragebogens hätten. Dies kann sicherlich teilweise durch den gewählten Befragungszeitraum über die Weihnachtsfeiertage, in denen viele Mitarbeiter im Urlaub sind und zu Jahresbeginn, wo in der Regel ein hohes Arbeitspensum in den Controlling Abteilungen herrscht, begründet werden. Um eine höhere Beantwortungsquote erreichen zu können, wäre es sicherlich hilfreich gewesen, einen anderen Befragungszeitraum zu wählen.

Alles in allem kann festgehalten werden, dass die empirische Untersuchung zum Einsatz von PA Forecasts sicherlich Einschränkungen erhält, aber unter Berücksichtigung dieser, trotzdem einen nutzbaren Überblick über den aktuellen Status verschafft und durch die abgeleitete Handlungsempfehlung für Unternehmen hilfreich sein kann. Zusammenfassend sollte zur Einschätzung der Forschungsergebnisse berücksichtigt werden, dass die Ergebnisse als Momentaufnahme zu betrachten sind und sich im weiteren Zeitverlauf stetig verändern können bzw. seit der Durchführung der empirischen Untersuchung bereits geändert haben können.

5 Fazit und Ausblick

Das folgende Kapitel bildet den Abschluss der Arbeit und soll ein Fazit aus den Ergebnissen der empirischen Untersuchung in Bezug auf die in Abschn. 2.3.2 aufgeführten Praxisbeispiele bilden. Des Weiteren wird ein Ausblick auf mögliche weitere empirische Untersuchungen gegeben.

5.1 Zusammenfassung der Ergebnisse

Zunächst lässt sich zusammenfassend festhalten, dass die Verfügbarkeit der Daten sowie deren Qualität entscheidend für einen erfolgreichen PA Forecast sind (Mehanna et al., 2015, S. 31). Dies zeigten zum einen die aufgeführten Praxisbeispiele, sowie die Ergebnisse der empirischen Untersuchung. Bei dem Einsatz von PA sollte unbedingt beachtet werden, dass PA bei unerwarteten, einmaligen Ereignissen wie bspw. die Corona Krise an seine Grenzen stößt, da PA in erster Linie auf historischen Daten aufbaut (Weber & Schäffer, 2022, S. 326). Dies kann allerdings nicht als Ausschlusskriterium für den Einsatz von PA Forecasts gesehen werden, da der PA Forecast auch manuell ergänzt werden kann (bspw. durch bekannte Effekte zukünftiger Entwicklungen, die sich nicht aus der Historie ableiten lassen) und auch manuell erstellte Forecasts in der Regel keine vollständige Prognosegenauigkeit aufweisen.

In Bezug auf die ersten beiden Forschungsfragen „Wird PA in Unternehmen im Controlling zur Erstellung von Forecasts eingesetzt?" und „In welchem Umfang wird PA im Controlling zur Erstellung von Forecasts eingesetzt?" erwecken die zahlreichen Artikel in den verschiedenen Controlling Zeitschriften einen anderen Eindruck als die Ergebnisse der empirischen Untersuchung. Die zahlreichen Artikel können den Eindruck erwecken, dass der Einsatz von PA im

Controlling in aller Munde ist und es bereits vielfältig genutzt wird. Wie bereits erwähnt, handelt es sich bei den aufgeführten Praxisbeispielen lediglich um eine Auswahl, welche aufgrund der Vielzahl der publizierten Artikel problemlos erweitert werden kann. Außerdem sind die publizierten Praxisbeispiele zum Einsatz von PA im Controlling in der Regel vielversprechend, weshalb es eher verwunderlich ist, dass die empirische Untersuchung zeigte, dass nur rund 19 % der befragten Unternehmen PA zur Forecast Erstellung im Controlling nutzen. Sicherlich müssen bei der Interpretation der Ergebnisse der empirischen Untersuchung, die in Abschn. 4.2.3 „Methodenkritik" genannten Punkte berücksichtigt werden, allerdings ist dennoch davon auszugehen, dass die Forschungsergebnisse aufgrund der aufgeführten Punkte nicht völlig verfälscht worden sind. Dies kann durch die BARC-Studie belegt werden, denn diese zeigte ein ähnliches Ergebnis. Laut der BARC-Studie sind es ca. 27 % der befragten Unternehmen, unabhängig von der Unternehmensgröße und des Unternehmensbereichs, die Predictive Planning einsetzen (Fuchs & Tischler, 2022). Somit kann zusammenfassend festgehalten werden, dass laut der durchgeführten empirischen Untersuchung, PA im Controlling zur Forecast Erstellung eher in geringem Umfang eingesetzt wird.

Werden die Ergebnisse der empirischen Untersuchung in Bezug auf die dritte Forschungsfrage, ob bei dem Einsatz von PA unternehmensübergreifende Trends erkannt werden können, mit den aufgeführten Praxisbeispielen verglichen, so geht aus den Praxisbeispielen auch hervor, dass hier nicht unbedingt Trends zu erkennen sind. Die Auswahl der Position muss unternehmensindividuell entschieden werden. Allerdings sind in Bezug auf die Vorteile, die durch den Einsatz von PA entstehen, sicherlich Trends zu erkennen. Die oben aufgeführte Literatur sowie die Praxisbeispiele und die Ergebnisse der empirischen Untersuchung heben hervor, dass durch den Einsatz von PA insbesondere der Vorhersageprozess deutlich effizienter gestaltet werden kann und zudem die Vorhersagegenauigkeit in der Regel erhöht werden kann (z. B. Benkendorff & Légeret, 2024, S. 54–56). Des Weiteren ist auch die flexible Forecast Erstellung als weiterer Trend bei dem Einsatz von PA zu erkennen. In Bezug auf die Tätigkeiten der Controller muss hervorgehoben werden, dass sich die Tätigkeiten zwar verändern, allerdings durch Einsatz von PA im Controlling keine Ressourcen abgebaut werden sollen. Aus der Literatur und den Praxisbeispielen geht die Empfehlung hervor, dass die Controller den PA Forecast auf Plausibilität prüfen sollten. Es ist somit ein Zusammenspiel zwischen Controller und PA erforderlich (Hedfeld & Pfaff, 2024, S. 59–60). Die Unternehmen sollten sich immer vor Augen führen, dass die Einführung eines PA Forecasts ein Prozess ist und somit nicht innerhalb kürzester Zeit durchgeführt werden kann. Dies wird insbesondere durch die empirische

Untersuchung deutlich, da hier lediglich 18 % der Unternehmen angaben, nur den PA Forecast zu nutzen. Die anderen Unternehmen nutzen neben dem PA Forecast nach wie vor einen manuellen Forecast. Dies ist sicherlich über eine gewisse Zeit hilfreich, um das Vertrauen in den PA Forecast aufzubauen. Allerdings, wenn dies der dauerhafte Zustand ist, sollten die Unternehmen kritisch hinterfragen, ob im jeweiligen Unternehmen wirklich die Effizienz gesteigert werden konnte. Die Effizienzsteigerung (Automatisierung von Prozessschritten) wurde in der empirischen Untersuchung am dritthäufigsten als Vorteil, der durch den Einsatz von PA entstanden ist, genannt.

Wird das Ergebnis der empirischen Untersuchung in Bezug auf die vierte Forschungsfrage, warum PA im Controlling nicht zur Forecast Erstellung eingesetzt wird, mit den Nennungen der größten Herausforderungen während der Implementierung verglichen, fällt bei einer Antwortmöglichkeit ein sehr unterschiedliches Bild auf. So geben die Unternehmen, die PA bisher nicht einsetzen, am zweithäufigsten den Grund „Hoher Aufwand bei der Implementierung (Kosten und Zeit)" an, wohingegen die Unternehmen, die PA bereits implementiert haben, diesen Grund nur am fünfthäufigsten bei der Frage in Bezug auf die größten Herausforderungen während der Implementierung nennen. Hier kann sicherlich kritisch hinterfragt werden, warum die Unternehmen, die PA bisher nicht nutzen, der Ansicht sind, dass für die Nutzung von PA ein hoher Aufwand in Bezug auf Kosten und Zeit erforderlich ist. Hierbei soll nicht unterschlagen werden, dass insbesondere für die Bereitstellung und Bereinigung der Daten ein Aufwand entsteht. Allerdings ist aufgrund der seltenen Nennung des Grundes bei der Frage nach den größten Herausforderungen während der Implementierung davon auszugehen, dass der Aufwand von den Unternehmen überschätzt wird und ggf. andere Gründe, wie bspw. die natürliche zögerliche Reaktion der Menschen auf Veränderungen, hier eine Rolle spielen können. Anhand der, in dieser Arbeit erarbeiteten Handlungsempfehlung und der Ergebnisse der zugrundeliegenden empirischen Untersuchung können die Unternehmen überprüfen, ob sie den Aufwand zur Einführung eines PA Forecasts immer noch als relativ hoch einschätzen, oder ob sie sich die Frage nach den eigentlichen Gründen stellen müssen.

Wie in der Einleitung bereits beschrieben, ist eine der wichtigsten Tätigkeiten im Unternehmen Entscheidungen zu treffen (Sharda et al., 2021, S. 41). Diese Entscheidungen bestimmen oftmals über die weitere Existenz und den Erfolg des Unternehmens. Daher müssen die Entscheidungen fundiert sein und in der heutigen VUCA-Welt gegebenenfalls kurzfristig angepasst werden (Sharda et al., 2021, S. 41). Stellt man nun die Frage, ob der Einsatz von PA im Controlling zur Erstellung von Forecasts dazu beitragen kann die Entscheidungsfindung zu unterstützen, muss dies aufgrund der vorliegenden Ergebnisse definitiv mit „Ja" beantwortet werden. Wie die verschiedenen Praxisbeispiele und die Literatur zeigten, ist der manuelle Forecast Prozess in der Regel sehr zeit- und ressourcenintensiv (Gerig, 2020, S. 230). Das bedeutet, wenn sich die Rahmenbedingungen ändern und der Forecast neu erstellt werden muss, wird bei dem manuellen Prozess hierzu in der Regel einige Zeit benötigt (Gerig, 2020, S. 230). Bei dem PA Forecast können geänderte Rahmenbedingungen bzw. die zugrundeliegenden Daten relativ einfach abgeändert werden und der neu erstellte Forecast steht auf Knopfdruck zur Verfügung (Hedfeld & Pfaff, 2024, S. 59–60). Zusätzlich zeigten die Praxisbeispiele und die Ergebnisse der empirischen Untersuchung, dass in der Regel die Vorhersagegenauigkeit durch den Einsatz von PA erhöht werden kann, was wiederum zu Vorteilen bei der Entscheidungsfindung führt.

Zusammenfassend lässt sich festhalten, dass die Entscheidung ob und in welchem Umfang ein PA Forecast in einem Unternehmen eingeführt wird, unternehmensindividuell getroffen werden muss. Auch in Bezug auf die Auswahl des Tools und der Position, für die ein PA Forecast erstellt werden soll, sollten unternehmensindividuelle Entscheidungen getroffen werden. Es lässt sich nicht pauschal sagen, dass sich eine bestimmte Position am besten eignet. Jedes Unternehmen muss individuell prüfen, ob die historischen Daten für die jeweilige Position zur Verfügung stehen. Hier kann es je nach Unternehmen große Unterschiede geben. In Bezug auf das zu wählende Modell muss festgehalten werden, dass die empirische Untersuchung diesbezüglich keine Frage berücksichtigt hatte. Allerdings kann aufgrund des Praxisbeispiels der Deutschen Post International und weiterer Literatur davon ausgegangen werden, dass sich je nach Position unterschiedliche Modelle am besten eignen. Allerdings kann hier nicht festgestellt werden, dass ein bestimmtes Modell am besten für eine bestimmte Position geeignet ist. Dies ist von vielen Faktoren abhängig und orientiert sich unter anderem an dem Verhalten der jeweiligen Position im Zeitablauf und ggf. den sie beeinflussenden Variablen. Bei der Einführung eines PA Forecasts sollten die Unternehmen deshalb immer je Position mehrere Modelle in Bezug auf die Vorhersagegenauigkeit testen.

Abschließend kann festgehalten werden, dass der Einsatz von PA zur Erstellung von Forecasts für Unternehmen eine Chance darstellt, den Prognoseprozess deutlich flexibler zu gestalten und zudem die Vorhersagegenauigkeit zu erhöhen. Sicherlich müssen hierzu einige Hürden überwunden werden und die Bereitschaft im Unternehmen geschaffen werden, sich auf Veränderungen einzulassen. Die vorliegende Arbeit zeigte, dass es auf das Zusammenspiel zwischen PA und Controller ankommt, weshalb das Zitat von Kreutzer (2023, S. V)

„Künstliche Intelligenz ist wichtig! Echte Intelligenz aber auch!"

als zutreffend angesehen wird. Um die Arbeit mit einem Blick in die Zukunft abzuschließen, soll der letzte Abschnitt einen Eindruck und Ausblick über mögliche weitere Untersuchungen und Entwicklungen verschaffen.

5.2 Ausblick

Aufgrund der Ergebnisse der vorliegenden Arbeit sowie der berücksichtigten BARC-Studie, ist davon auszugehen, dass nach und nach mehr Unternehmen dazu motiviert werden, PA im Controlling zur Forecast Erstellung zu nutzen. Hierbei müssen die vielversprechenden Praxisbeispiele sowie die in der empirischen Untersuchung am häufigsten genannten Vorteile, hervorgehoben werden. Des Weiteren sollte das geringe Risiko für die Unternehmen verdeutlicht werden, denn bei einem Scheitern des PA Forecasts kann immer noch auf die alten Methoden zurückgegriffen werden (Keimer & Zorn, 2020, S. 18). Außerdem zeigten die aufgeführten Praxisbeispiele und die Ergebnisse der empirischen Untersuchung, dass der Einsatz von PA im Controlling zur Forecast Erstellung vielversprechend ist und in der Regel die Vorhersagegenauigkeit erhöht werden kann. Die Unternehmen sollten sich auf die Reise begeben, denn die Einführung von PA im Controlling ist ein Prozess und kann nicht innerhalb kürzester Zeit umgesetzt werden. Allerdings generiert die flexible Verfügbarkeit des PA Forecasts einen Wettbewerbsvorteil für Unternehmen (Anton & Wang, 2023, S. 166), was die Unternehmen sicherlich motivieren sollte, sich mit der Thematik zu befassen.

Um überprüfen zu können, in welchem Tempo sich der Einsatz von PA im Controlling entwickelt, sollte die empirische Untersuchung zu einem späteren Zeitpunkt nochmals durchgeführt werden. Bei der erneuten Durchführung sollten die in Abschn. 4.2.3 „Methodenkritik" aufgeführten Punkte berücksichtigt werden. Insbesondere sollte die empirische Untersuchung um weitere Fragen in Bezug auf das zugrundeliegende statistische Modell, die Gründe für die weitere Nutzung eines manuellen Forecasts sowie die Beschränkungen des jeweiligen PA Forecasts erweitert werden. Des Weiteren ist die Entwicklung der Nutzung von PA Forecasts in Unternehmen sicherlich auch davon abhängig, mit wie vielen weiteren Thematiken sich die Unternehmen aufgrund von gesetzlichen Maßnahmen und geopolitischen Entwicklungen befassen müssen und ob dann noch Ressourcen für Thematiken zur Verfügung stehen, mit denen sich die Unternehmen befassen können, aber nicht aufgrund gesetzlicher Vorschriften befassen müssen. Allerdings kann hier sicherlich die Frage gestellt werden, ob die Unternehmen sich mit dem Thema PA Forecasts befassen müssen, um wettbewerbsfähig zu bleiben. Denn in der herrschenden VUCA-Welt ist es unerlässlich Veränderungen in den Forecasts zeitnah zu berücksichtigen. Allerdings obliegt die Entscheidung, ob ein PA Forecast als Must-have oder als Nice-to-have angesehen wird, dem jeweiligen Unternehmen.

Alles in allem sollten die generierten praxisorientierten Erkenntnisse der vorliegenden Arbeit über den Einsatz von PA zur Erstellung von Forecasts, die Einführung und Umsetzung in der Unternehmenspraxis unterstützen und einen Beitrag dazu leisten, dass sich nach und nach mehr Unternehmen für die Einführung eines PA-Forecasts entscheiden.

Literaturverzeichnis

Aggarwal, C. C. (2015). *Data Mining: The Textbook*. Springer International Publishing AG. https://doi.org/10.1007/978-3-319-14142-8

Amazon Web Services, Inc. (n.d.). *Was ist Python? – Python-Sprache erklärt – AWS*. https://aws.amazon.com/de/what-is/python/

Anton, T., & Wang, R. (2023). Finance 4.0: Einsatz der KI beim Forecasting in KMUs. Künstliche Intelligenz (KI) bietet mit ihren kognitiven Fähigkeiten und Algorithmen eine neue Möglichkeit der Forecast-Optimierung. *BankPraktiker, 05/2023*, 166–175.

Arnold, V. (2023). *Wie man ChatGPT für Coding verwendet mit Beispielen*. neuroflash. https://neuroflash.com/de/blog/wie-man-chatgpt-fuer-coding-verwendet-mit-beispielen/

Ashoka, M. L., N., A., & M. S., D. (2019). Emerging Trends in Accounting: An Analysis of Impact of Robotics in Accounting, Reporting and Auditing of Business and Financial Information. *International Journal of Business Analytics and Intelligence, 7 (2) 2019*, 28–34. https://doi.org/10.2139/ssrn.3524486

Aznar, P. (2020). *What is the difference between Extra Trees and Random Forest?* Quantdare. https://quantdare.com/what-is-the-difference-between-extra-trees-and-random-forest/

Baars, H., & Kemper, H.-G. (2021). *Business Intelligence & Analytics – Grundlagen und praktische Anwendungen: Ansätze der IT-basierten Entscheidungsunterstützung* (4. Aufl.). Springer Fachmedien Wiesbaden GmbH. https://doi.org/10.1007/978-3-8348-2344-1

Barros, R. C., Carvalho, A. C. P. L. F. de, & Freitas, A. A. (2015). *Automatic Design of Decision-Tree Induction Algorithms*. Springer.

Becker, W., Reitelshöfer, E., & Prainer, A.-E. (2018). Industrie 4.0 – Neue Herausforderungen für den Controller? *CONTROLLER Magazin, 1/2018*, 84–88.

Benkendorff, W.-G., & Légeret, T. (2024). Predictive Forecasting bei der TX Group AG. *Controlling & Management Review, 01|2024*, 54–56.

Bley, C., Giesel, A., & Ruhwedel, F. (2020). Einsatz von Big Data und Predictive Analytics in der Unternehmensplanung – Ergebnisse einer Befragungsstudie. *Controlling, 32*(2), 45–52. https://doi.org/10.15358/0935-0381-2020-2-45

Bortz, J., & Döring, N. (2006). *Forschungsmethoden und Evaluation: Für Human- und Sozialwissenschaftler* (4. Aufl.). Springer Medizin Verlag Heidelberg.

Burck, A., Reh, L., & Schultze, W. (2023). Wie viel menschliche Unterstützung braucht die künstliche Intelligenz? *Controlling, 35*(4), 11–17. https://doi.org/10.15358/0935-0381-2023-4

Chaudhuri, S., Dayal, U., & Narasayya, V. (2011). An Overview of Business Intelligence Technology. *Communications of the ACM, 54*(8), 88–98. https://doi.org/10.1145/1978542.1978562

Cleve, J., & Lämmel, U. (2020). *Data Mining* (3. Aufl.). Walter de Gruyter GmbH.

Colsman, B. (2016). *Nachhaltigkeitscontrolling: Strategien, Ziele, Umsetzung* (2. Aufl.). Springer Fachmedien Wiesbaden GmbH. https://doi.org/10.1007/978-3-658-09437-9

Dadteev, K., Shchukin, B., & Nemeshaev, S. (2020). Using artificial intelligence technologies to predict cash flow. *Procedia Computer Science, 169 (2020)*, 264–268. https://doi.org/10.1016/j.procs.2020.02.163

DATAtab Team. (2024). *Konfidenzintervall*. https://datatab.de/tutorial/konfidenzintervall

Davenport, T., & Harris, J. (2017). *Competing on Analytics: Updated, with a New Introduction: The New Science of Winning*. Harvard Business Review Press.

Deipenbrock, S., Landewee, L., & Sälzer, G. (2019). Digitale Transformation des Controllings bei Deutsche Post International. *CONTROLLER Magazin, 01/2019*, 45–50.

Diekmann, A. (2023). *Empirische Sozialforschung. Grundlagen, Methoden, Anwendungen* (17. Aufl.). Rowohlt Verlag.

Diwo, M. (2022, Oktober 19). *Künstliche Intelligenz (KI) – Die Technologie einfach erklärt*. Mathias Diwo. https://mathiasdiwo.com/technologie/kuenstliche-intelligenz-ki/

Dunham, K. (2009). Chapter 6 – Phishing, SMishing, and Vishing. In *Mobile Malware Attacks and Defense* (S. 125–196). Syngress. https://doi.org/10.1016/B978-1-59749-298-0.00006-9

Eisl, C., Rockenschaub, T., & Mitterlehner, D. (2023). Die Top-Zukunftsthemen des Controllings. *Controlling & Management Review, 67*(1|2023), 42–47. https://doi.org/10.1007/s12176-022-1021-9

Emler, M., Porsch, J., & Dahlhausen, C. (2023). Data Governance und die Rolle des Controllings. In R. Gleich (Hrsg.), *Data Driven Controlling: Data Analytics und KI kennen und nutzen* (S. 27–36). Haufe Lexware Verlag.

Ernesti, J., & Kaiser, P. (2020). *Python 3: Das umfassende Handbuch* (6. Aufl.). Rheinwerk Verlag.

Feichtinger, C. (2023). *Agiles Controlling: Anforderungen und Umsetzungsempfehlungen*. Springer Gabler. https://doi.org/10.1007/978-3-658-40772-8

Fischer, N., Lauer, M., & Daniel, N. (2023). Prozessbezogenes Datenmanagement: Neue Möglichkeiten für das Controlling. In R. Gleich (Hrsg.), *Data Driven Controlling: Data Analytics und KI kennen und nutzen* (S. 159–177). Haufe Lexware Verlag.

Fuchs, Dr. C., & Tischler, R. (2022). *Predictive Planning and Forecasting on the Rise – Hype or Reality? BARC*. https://barc.com/de/research/predictive-planning-and-forecasting-on-the-rise-hype-or-reality/

Gartner. (2024a). *Business Analytics*. https://www.gartner.com/en/information-technology/glossary/business-analytics

Gartner. (2024b). *Predictive Analytics*. https://www.gartner.com/en/information-technology/glossary/predictive-analytics

Gerig, I. (2020). Standardisierung und Automatisierung als Basis für die Digitalisierung im Controlling von Siemens Building Technologies. In I. Keimer & U. Egle (Hrsg.), *Die*

Digitalisierung der Controlling-Funktion: Anwendungsbeispiele aus Theorie und Praxis (S. 211–236). Springer Fachmedien Wiesbaden GmbH. https://doi.org/10.1007/978-3-658-29196-9

Gleich, R. (2023). *Data Driven Controlling: Data Analytics und KI kennen und nutzen.* Haufe Lexware Verlag.

Göbel, S. (2023). Implementierung von Predictive Analytics im Controlling: Herausforderungen und Erfolgsfaktoren. In Arbeitskreis Digital Reporting Schmalenbach-Gesellschaft für Betriebswirtschaft e.V. (Hrsg.), *Digital Reporting. Transformation des Controllerbereichs durch den digitalen Wandel* (S. 36–40). Vahlen.

Grünwald, R. (2021). *Real-Time Reporting: Immer am aktuellsten Stand mit Echtzeit-Datenanalysen.* Novustat. https://novustat.com/statistik-blog/real-time-reporting.html

Guggemos, T. (2023). Anforderungsprofile im digitalen Zeitalter. *Controlling & Management Review, 67*(5|2023), 46–51. https://doi.org/10.1007/s12176-023-1070-8

Hecht, N., & Scherrer, P. (2020). Nutzen und Stolpersteine bei der Einführung einer Business Intelligence Lösung für KMU am Beispiel der Firma SIGA. In I. Keimer & U. Egle (Hrsg.), *Die Digitalisierung der Controlling-Funktion: Anwendungsbeispiele aus Theorie und Praxis* (S. 83–102). Springer Fachmedien Wiesbaden GmbH. https://doi.org/10.1007/978-3-658-29196-9

Hedfeld, P., & Pfaff, D. (2024). Machine Learning und Controlling – Eine Liebe mit Hindernissen? *CONTROLLER Magazin, 1/2024,* 59–61.

Hilbert, S. (2024). *Einfach Controlling. Eine praxisorientierte Darstellung in Zeiten von Komplexität und Nachhaltigkeit.* Kohlhammer. https://doi.org/10.17433/978-3-17-043735-7

Horváth, P., Gleich, R., & Seiter, M. (2020). *Controlling* (14. Aufl.). Vahlen. doi.org/https://doi.org/10.15358/9783800658701

IBM. (2024). *What is lasso regression?* https://www.ibm.com/topics/lasso-regression

IBM. (n.d.). *What Is Random Forest?* https://www.ibm.com/topics/random-forest

ICV, & ICG (Hrsg.). (2009). *DIN-SPEC 1086 Qualitätsstandards im Controlling.*

Iffert, L., Bange, C., Mack, M., & Vitsenko, J. (2016). *Advanced & Predictive Analytics. Schlüssel zur zukünftigen Wettbewerbsfähigkeit.* BARC Anwenderstudie.

Ilg, M., & Baumeister, A. (2020). Business-Analytics im Marketing-Controlling – eine Anwendungsfallstudie für den Automobilmarkt. In I. Keimer & U. Egle (Hrsg.), *Die Digitalisierung der Controlling-Funktion: Anwendungsbeispiele aus Theorie und Praxis* (S. 141–158). Springer Fachmedien Wiesbaden GmbH. https://doi.org/10.1007/978-3-658-29196-9

International Group of Controlling (Hrsg.). (2017). *Controlling-Prozessmodell 2.0: Leitfaden für die Beschreibung und Gestaltung von Controllingprozessen* (2. Aufl.). Haufe Gruppe.

Jacob, M. (2019). *Digitalisierung & Nachhaltigkeit: Eine unternehmerische Perspektive.* Springer Fachmedien Wiesbaden GmbH. https://doi.org/10.1007/978-3-658-26217-4

Jain, R. (Regisseur). (2024, Mai 10). *Understanding Forecast Accuracy Metrics: MAPE vs. SMAPE | L – 19* [Video]. Youtube. https://www.youtube.com/watch?v=b9_SS-xcil0

Jäkel, C., & Muntermann, J. (2023). Predictive Analytics im Rahmen von Cash Forecasting. *Controlling, 35*(4/2023), 4–10. https://doi.org/10.15358/0935-0381-2023-4

Jedox GmbH. (2021). *Fehlermaße: Wie Sie die Güte Ihrer Forecasts auswerten.* https://www.jedox.com/de/blog/fehlermasze-guete-von-forecasts-ermitteln/

Keimer, I., & Egle, U. (2020). Digital Controlling – Grundlagen für den erfolgreichen digitalen Wandel im Controlling. In I. Keimer & U. Egle (Hrsg.), *Die Digitalisierung der*

Controlling-Funktion: Anwendungsbeispiele aus Theorie und Praxis (S. 1–16). Springer Fachmedien Wiesbaden GmbH. https://doi.org/10.1007/978-3-658-29196-9

Keimer, I., & Zorn, M. (2020). Aktuelle Trends der digitalen Transformation im Finanzbereich. In I. Keimer & U. Egle (Hrsg.), *Die Digitalisierung der Controlling-Funktion: Anwendungsbeispiele aus Theorie und Praxis* (S. 17–23). Springer Fachmedien Wiesbaden GmbH. https://doi.org/10.1007/978-3-658-29196-9

Keller, C., & Walter, T. (2023). *Zeitreihen Modelle [Teil 1]: ARMA-Varianten*. Finbridge. https://www.finbridge.de/ml-artikel/2023/01/24/zeitreihen-modelle-teil-1

Kemper, H.-G., Baars, H., & Mehanna, W. (2010). *Business Intelligence – Grundlagen und praktische Anwendungen: Eine Einführung in die IT-basierte Managementunterstützung* (3.Aufl.). Vieweg + Teubner.

King, S. (2014). *Big Data: Potential und Barrieren der Nutzung Im Unternehmenskontext*. Springer Fachmedien Wiesbaden GmbH. https://doi.org/10.1007/978-3-658-06586-7

Kirchberg, A., & Müller, D. (2016). Digitalisierung im Controlling: Einflussfaktoren, Standortbestimmung und Konsequenzen für die Controllerarbeit. In R. Gleich, K. Grönke, M. Kirchmann, & J. Leyk (Hrsg.), *Konzerncontrolling 2020* (S. 79–98). Haufe Gruppe.

Koch, C., & Fedtke, S. (2020). *Robotic Process Automation: Ein Leitfaden für Führungskräfte zur erfolgreichen Einführung und Betrieb von Software-Robots im Unternehmen*. Springer. https://doi.org/10.1007/978-3-662-61178-4

Kreutzer, R. T. (2023). *Künstliche Intelligenz verstehen: Grundlagen – Use-Cases – unternehmenseigene KI-Journey* (2. Aufl.). Springer Fachmedien Wiesbaden GmbH. https://doi.org/10.1007/978-3-658-42598-2

Krumeich, J., Werth, D., & Loos, P. (2016). Prescriptive Control of Business Processes: New Potentials Through Predictive Analytics of Big Data in the Process Manufacturing Industry. *Business & Information Systems Engineering, 58*(4), 261–280. https://doi.org/10.1007/s12599-015-0412-2

Küpper, H.-U., Friedl, G., Hofmann, C., Hofmann, Y. E., & Pedell, B. (2013). *Controlling: Konzeption, Aufgaben, Instrumente* (6. Aufl.). Schäffer-Poeschel. https://doi.org/10.34156/9783799268608

Langmann, C. (2018). Predictive Analytics für Controller – Einfache Anwendungen mit MS Excel. *CONTROLLER Magazin, 4|2018*, 37–41.

Langmann, C. (2019). *Digitalisierung im Controlling*. Springer Fachmedien Wiesbaden GmbH. https://doi.org/10.1007/978-3-658-25017-1

Lehmann, M.-L., & Amrhein, S. (2022). Die Zukunft des Forecastings. *Controlling & Management Review, 66*(4|2022), 34–40. https://doi.org/10.1007/s12176-022-0470-5

Lepenioti, K., Bousdekis, A., Apostolou, D., & Mentzas, G. (2020). Prescriptive analytics: Literature review and research challenges. *International Journal of Information Management, 50*, 57–70. https://doi.org/10.1016/j.ijinfomgt.2019.04.003

Litzel, N., & Luber, S. (2020). *Was ist das ARIMA-Modell?* BigData-Insider. https://www.bigdata-insider.de/was-ist-das-arima-modell-a-914956/

Marini Systems. (n.d.). *Gradient Boosting*. https://marini.systems/en/glossary/gradient-boosting/

Matthäus, M., Nawrath, J., & Radlmair, M. (2023). Umsatz-Forecasting auf Basis von Predictive Analytics. *CONTROLLER Magazin, 5|2023*, 12–17.

Maurer, J. (2018). *Studie Predictive Analytics 2018. IDG Research Services*. https://www.lufthansa-industry-solutions.com/de-en/studies/idg-predictive-analytics-study-2018

Mayr, A. (2022). Veränderungen im Kostenmanagement durch die Digitalisierung. In B. Feldbauer-Durstmüller & S. Mayr (Hrsg.), *Controlling – Aktuelle Entwicklungen und Herausforderungen: Digitalisierung, Nachhaltigkeit und Spezialaspekte* (S. 103–123). Springer Fachmedien Wiesbaden GmbH. https://doi.org/10.1007/978-3-658-35169-4

Mehanna, W., Müller, F., & Tunco, C. (2015). Predictive Forecasting und die Digitalisierung der Unternehmenssteuerung. *IM+io Fachzeitschrift für Innovation, Organisation und Management, 4|2015*, 28–32.

Meiler, M. M. (2020). *Emotionales Change Management: Wie Führungskräfte ihre persönliche und fachliche Veränderungskompetenz stärken*. Springer. https://doi.org/10.1007/978-3-662-62211-7

Moosbrugger, H., & Kelava, A. (2020). Qualitätsanforderungen an Tests und Fragebogen („Gütekriterien"). In H. Moosbrugger & A. Kelava (Hrsg.), *Testtheorie und Fragebogenkonstruktion* (3. Aufl., S. 13–37). Springer. https://doi.org/10.1007/978-3-662-61532-4

Moubariki, Z., Beljadid, L., El Haj Tirari, M., Kaicer, M., & Thami, R. O. H. (2019). Enhancing cash management using machine learning. *1st International Conference on Smart Systems and Data Science (ICSSD)*, 1–6. https://doi.org/10.1109/ICSSD47982.2019.9002731

Müller, D. (2022). *Investitionscontrolling: Entscheidungsfindung bei Investitionen I: Investitionscontrolling und Investitionstheorie* (3. Aufl.). Springer Fachmedien Wiesbaden GmbH. https://doi.org/10.1007/978-3-658-36593-6

Nguyen, D. H., Weigel, C., & Hiebl, M. R. W. (2018). Beyond budgeting: Review and research agenda. *Journal of Accounting & Organizational Change, 14*(3/2018), 314–337. https://doi.org/10.1108/JAOC-03-2017-0028

Nobach, K. (2019). Bedeutung der Digitalisierung für das Controlling und den Controller. In P. Ulrich & B. Baltzer (Hrsg.), *Wertschöpfung in der Betriebswirtschaftslehre: Festschrift für Prof. Dr. Habil. Wolfgang Becker zum 65. Geburtstag* (S. 247–269). Springer Fachmedien Wiesbaden GmbH. https://doi.org/10.1007/978-3-658-18573-2_11

Olfert, K. (2018). *Kostenrechnung* (18. Aufl.). Kiehl Verlag.

ORACLE Deutschland B.V. & Co. KG. (n.d.). *Was versteht man unter Big Data?* https://www.oracle.com/de/big-data/what-is-big-data/

Porst, R. (2014). *Fragebogen: Ein Arbeitsbuch* (H. Sahner, M. Bayer, & R. Sackmann, Hrsg.; 4. Aufl.). Springer Fachmedien Wiesbaden GmbH. https://doi.org/10.1007/978-3-658-02118-4

Qualtrics. (2024). *Stichprobe – Optimale Stichprobengröße berechnen*. Qualtrics. https://www.qualtrics.com/de/erlebnismanagement/marktforschung/online-stichproben/

Radonić, M. (2018). Beyond budgeting: Gaining competitive advantage through strategic changes in budgeting processes. *Megatrend Revija, 15*(2, 2018), 141–158. https://doi.org/10.5937/MegRev1802141R

Reimer, M., & Schäffer, U. (2022). *Controlling – Trends & Benchmarks* (Institute of Management Accounting and Control, Hrsg.). WHU – Otto Beisheim School of Management.

Rieg, R. (n.d.). *Rollierende Planung*. ControllingWiki ICV. https://www.controlling-wiki.com/de/index.php/Rollierende_Planung

Rottmann, H. (n.d.). *Definition: AR(p)-Prozess*. Gabler Wirtschaftslexikon; Springer Fachmedien Wiesbaden GmbH. https://wirtschaftslexikon.gabler.de/definition/arp-prozess-31612

Runkler, T. A. (2020). *Data Analytics: Models and Algorithms for Intelligent Data Analysis* (3. Aufl.). Springer Fachmedien Wiesbaden GmbH. https://doi.org/10.1007/978-3-658-29779-4

Sailer, U. (2020). *Nachhaltigkeitscontrolling. Was Controller und Manager über die Steuerung der Nachhaltigkeit wissen sollten* (3. Aufl.). UVK Verlag.

SAP. (n.d.). *Was ist Machine Learning? | Definition, Arten, Beispiele.* https://www.sap.com/germany/products/artificial-intelligence/what-is-machine-learning.html

SAS Institute. (n.d.). *Data Scientists: Vorreiter bei der Entwicklung der Datenanalyse.* https://www.sas.com/de_de/insights/analytics/what-is-a-data-scientist.html

Schäffer, U., Schmidt, A., & Strauss, E. (2014). An old boys' club on the threshold to becoming a professional association: The emergence and development of the association of German controllers from 1975 to 1989. *Accounting History, 19*(1–2), 133–169. https://doi.org/10.1177/1032373213517867

Schäffer, U., & Weber, J. (2017). Persönliche Überlebensstrategien. *Controlling, 29*(K), 56–59. https://doi.org/10.15358/0935-0381-2017-K-56

Schneider, T. (2022). Digitalisierung des Controllings. In T. Schneider (Hrsg.), *Digitalisierung und Künstliche Intelligenz: Einsatz durch und im Controlling* (S. 69–74). Springer Fachmedien Wiesbaden GmbH. https://doi.org/10.1007/978-3-658-33860-2_12

Schön, D. (2022). *Planung und Reporting im BI-gestützten Controlling: Grundlagen, Business Intelligence, Mobile BI, Big-Data-Analytics und KI* (4. Aufl.). Springer Fachmedien Wiesbaden GmbH. https://doi.org/10.1007/978-3-658-35475-6

Schön, D. (2023). Business-Intelligence-gestütztes Controlling liefert deutliche Mehrwerte für die Unternehmenssteuerung. In R. Gleich (Hrsg.), *Data Driven Controlling: Data Analytics und KI kennen und nutzen* (S. 38–53). Haufe Lexware Verlag.

Schreckeneder, B. C. (2010). *Projektcontrolling* (3. Aufl.). Haufe Lexware Verlag.

Schulze, M., & Wiesmann, W. (2019). *Crashkurs Management Reporting.* Haufe Group.

Seiter, M. (2023). *Business Analytics – Wie Sie Daten für die Steuerung von Unternehmen nutzen* (3. Aufl.). Vahlen.

Sharda, R., Delen, D., & Turban, E. (2021). *Analytics, data science, & artificial intelligence: Systems for decision support* (11. Aufl.). Pearson.

Statistics How To. (n.d.). *Probabilistic: Definition, Models and Theory Explained.* https://www.statisticshowto.com/probabilistic/

Statistisches Bundesamt. (2023). *Unternehmen in Deutschland: Anzahl der rechtlichen Einheiten in Deutschland nach Beschäftigtengrößenklassen im Jahr 2022.* Statista. https://de.statista.com/statistik/daten/studie/1929/umfrage/unternehmen-nach-beschaeftigtengroessenklassen/

Statistisches Bundesamt. (n.d.). *Data Literacy.* https://www.destatis.de/DE/Service/DataLiteracy/_inhalt.html

Tableau Software, LLC. (n.d.). *Data Mining – Einführung, Überblick, Chancen & Risiken.* https://www.tableau.com/de-de/learn/articles/what-is-data-mining

Thaller, J., Gärtner, B., Duller, C., & Feldbauer-Durstmüller, B. (2022). Karriereentwicklung im Controlling. In B. Feldbauer-Durstmüller & S. Mayr (Hrsg.), *Controlling – Aktuelle Entwicklungen und Herausforderungen: Digitalisierung, Nachhaltigkeit und Spezialaspekte* (2. Aufl., S. 345–374). Springer Fachmedien Wiesbaden GmbH. https://doi.org/10.1007/978-3-658-35169-4

Tröbs, M., & Mengen, A. (2018). Big Data im Controlling: Chancen und Risiken. *Wissenschaftliche Schriften des Fachbereichs Wirtschaftswissenschaften, Hochschule Koblenz – University of Applied Sciences, 26–2018.* https://nbn-resolving.de/urn:nbn:de:hbz:1105-opus4-1267

Völkl, K., & Korb, C. (2018). *Deskriptive Statistik. Eine Einführung für Politikwissenschaftlerinnen und Politikwissenschaftler* (H.-G. Ehrhardt, B. Frevel, K. Schubert, & S. Schüttemeyer, Hrsg.). Springer Fachmedien Wiesbaden GmbH. https://doi.org/10.1007/978-3-658-10675-1

Weber, J., & Schäffer, U. (1998). Controlling – Controlling-Entwicklung im Spiegel von Stellenanzeigen 1990–1994. *Kostenrechnungspraxis: Zeitschrift für Controlling, Accounting & System-Anwendungen, 42*(4).

Weber, J., & Schäffer, U. (2022). *Einführung in das Controlling* (17. Aufl.). Schäffer-Poeschel.

Weytjens, H., Lohmann, E., & Kleinsteuber, M. (2021). Cash flow prediction: MLP and LSTM compared to ARIMA and Prophet. *Electronic Commerce Research, 21*(2), 371–391. https://doi.org/10.1007/s10660-019-09362-7

Wiltinger, K., Heupel, T., & Deimel, K. (2022). *Controlling* (2. Aufl.). Franz Vahlen.

Wirth, R., & Hipp, J. (2000). *CRISP-DM: Towards a Standard Process Model for Data Mining.*

Wolf, T., & Heidlmayer, M. (2022). Die Auswirkungen der Digitalisierung auf die Rolle des Controllers. In B. Feldbauer-Durstmüller & S. Mayr (Hrsg.), *Controlling – Aktuelle Entwicklungen und Herausforderungen: Digitalisierung, Nachhaltigkeit und Spezialaspekte* (2. Aufl., S. 3–27). Springer Fachmedien Wiesbaden GmbH. https://doi.org/10.1007/978-3-658-35169-4

Wuttke, L. (n.d.). *Künstliche Neuronale Netzwerke: Definition, Einführung, Arten und Funktion.* datasolut GmbH. https://datasolut.com/neuronale-netzwerke-einfuehrung/

Zhou, Z.-H. (2021). *Machine Learning.* Springer Singapore. https://doi.org/10.1007/978-981-15-1967-3

The manufacturer's authorised representative in the EU is Springer Nature Customer Service Centre GmbH, Europaplatz 3, 69115 Heidelberg, Germany. If you have any concerns regarding our products, please contact ProductSafety@springernature.com

Printed and bound by CPI Group (UK) Ltd, Croydon, CR0 4YY

25/03/2026

02078191-0007